杭州优秀传统文化丛书
Hangzhou Youxiu Chuantong Wenhua Congshu

烟柳画桥

孙侃——著

杭州出版社

图书在版编目（CIP）数据

烟柳画桥 / 孙侃著 . -- 杭州：杭州出版社，2021.12
（杭州优秀传统文化丛书）
ISBN 978-7-5565-1595-0

Ⅰ．①烟… Ⅱ．①孙… Ⅲ．①桥—文化—杭州 Ⅳ．① K928.78

中国版本图书馆 CIP 数据核字（2021）第 220030 号

Yan Liu Hua Qiao

烟柳画桥

孙 侃 著

责任编辑	沈 倩
装帧设计	章雨洁
美术编辑	祁睿一
责任校对	魏红艳
责任印务	姚 霖
出版发行	杭州出版社（杭州市西湖文化广场32号6楼）
	电话：0571-87997719　邮编：310014
	网址：www.hzcbs.com
排　　版	浙江时代出版服务有限公司
印　　刷	天津画中画印刷有限公司
经　　销	新华书店
开　　本	710 mm×1000 mm　1/16
印　　张	12.75
字　　数	168千
版 印 次	2021年12月第1版　2021年12月第1次印刷
书　　号	ISBN 978-7-5565-1595-0
定　　价	58.00元

（版权所有　侵权必究）

序　言

文化是城市最高和最终的价值

我们所居住的城市，不仅是人类文明的成果，也是人们日常生活的家园。各个时期的文化遗产像一部部史书，记录着城市的沧桑岁月。唯有保留下这些具有特殊意义的文化遗产，才能使我们今后的文化创造具有不间断的基础支撑，也才能使我们今天和未来的生活更美好。

对于中华文明的认知，我们还处在一个不断提升认识的过程中。

过去，人们把中华文化理解成"黄河文化""黄土地文化"。随着考古新发现和学界对中华文明起源研究的深入，人们发现，除了黄河文化之外，长江文化也是中华文化的重要源头。杭州是中国七大古都之一，也是七大古都中最南方的历史文化名城。杭州历时四年，出版一套"杭州优秀传统文化丛书"，挖掘和传播位于长江流域、中国最南方的古都文化经典，这是弘扬中华优秀传统文化的善举。通过图书这一载体，人们能够静静地品味古代流传下来的丰富文化，完善自己对山水、遗迹、书画、辞章、工艺、风俗、名人等文化类型的认知。读过相关的书后，再走进博物馆或观赏文化景观，看到的历史遗存，将是另一番面貌。

过去一直有人在质疑，中国只有三千年文明，何谈五千年文明史？事实上，我们的考古学家和历史学者一直在努力，不断发掘的有如满天星斗般的考古成果，实证了五千年文明。从东北的辽河流域到黄河、长江流域，特别是杭州良渚古城遗址以4300—5300年的历史，以夯土高台、合围城墙以及规模宏大的水利工程等史前遗迹的发现，系统实证了古国的概念和文明的诞生，使世人确信：这里是古代国家的起源，是重要的文明发祥地。我以前从来不发微博，发的第一篇微博，就是关于良渚古城遗址的内容，喜获很高的关注度。

我一直关注各地对文化遗产的保护情况。第一次去良渚遗址时，当时正在开展考古遗址保护规划的制订，遇到的最大难题是遗址区域内有很多乡镇企业和临时建筑，环境保护问题十分突出。后来再去良渚遗址，让我感到一次次震撼：那些"压"在遗址上面的单位和建筑物相继被迁移和清理，良渚遗址成为一座国家级考古遗址公园，成为让参观者流连忘返的地方，把深埋在地下的考古遗址用生动形象的"语言"展示出来，成为让普通观众能够看懂、让青少年学生也能喜欢上的中华文明圣地。当年杭州提出西湖申报世界文化遗产时，我认为是一项需要付出极大努力才能完成的任务。西湖位于蓬勃发展的大城市核心区域，西湖的特色是"三面云山一面城"，三面云山内不能出现任何侵害西湖文化景观的新建筑，做得到吗？十年申遗路，杭州市付出了极大的努力，今天无论是漫步苏堤、白堤，还是荡舟西湖里，都看不到任何一座不和谐的建筑，杭州做到了，西湖成功了。伴随着西湖申报世界文化遗产，杭州城市发展也坚定不移地从"西湖时代"迈向了"钱塘江时代"，气势磅礴地建起了杭州新城。

从文化景观到历史街区，从文物古迹到地方民居，众多文化遗产都是形成一座城市记忆的历史物证，也是一座城市文化价值的体现。杭州为了把地方传统文化这个大概念，变成一个社会民众易于掌握的清晰认识，将这套丛书概括为城史文化、山水文化、遗迹文化、辞章文化、艺术文化、工艺文化、风俗文化、起居文化、名人文化和思想文化十个系列。尽管这种概括还有可以探讨的地方，但也可以看作是一种务实之举，使市民百姓对地域文化的理解，有一个清晰完整、好读好记的载体。

传统文化和文化传统不是一个概念。传统文化背后蕴含的那些精神价值，才是文化传统。文化传统需要经过学者的研究提炼，将具有传承意义的传统文化提炼成文化传统。杭州在对丛书作者写作作了种种古为今用、古今观照的探讨交流的同时，还专门增加了"思想文化系列"，从杭州古代的商业理念、中医思想、教育观念、科技精神等方面，集中挖掘提炼产生于杭州古城历史中灵魂性的文化精粹。这样的安排，是对传统文化内容把握和传播方式的理性思考。

继承传统文化，有一个继承什么和怎样继承的问题。传统文化是百年乃至千年以前的历史遗存，这些遗存的价值，有的已经被现代社会抛弃，也有的需要在新的历史条件下适当转化，唯有把传统文化中这些永恒的基本价值继承下来，才能构成当代社会的文化基石和精神营养。这套丛书定位在"优秀传统文化"上，显然是注意到了这个问题的重要性。在尊重作者写作风格、梳理和讲好"杭州故事"的同时，通过系列专家组、文艺评论组、综合评审组和编辑部、编委会多层面研读，和作者虚心交流，努力去粗取精，古为今用，这种对文化建设工作的敬畏和温情，值得推崇。

人民群众才是传统文化的真正主人。百年以来，中华传统文化受到过几次大的冲击。弘扬优秀传统文化，需要文化人士投身其中，但唯有让大众乐于接受传统文化，文化人士的所有努力才有最终价值。有人说我爱讲"段子"，其实我是在讲故事，希望用生动的语言争取听众。今天我们更重要的使命，是把历史文化前世今生的故事讲给大家听，告诉人们古代文化与现实生活的关系。这套丛书为了达到"轻阅读、易传播"的效果，一改以文史专家为主作为写作团队的习惯做法，邀请省内外作家担任主创团队，组织文史专家、文艺评论家协助把关建言，用历史故事带出传统文化，以细腻的对话和情节蕴含文化传统，辅以音视频等其他传播方式，不失为让传统文化走进千家万户的有益尝试。

中华文化是建立于不同区域文化特质基础之上的。作为中国的文化古都，杭州文化传统中有很多中华文化的典型特征，例如，中国人的自然观主张"天人合一"，相信"人与天地万物为一体"。在古代杭州老百姓的认知里，由于生活在自然天成的山水美景中，由于风调雨顺带来了富庶江南，勤于劳作又使杭州人得以"有闲"，人们较早对自然生态有了独特的敬畏和珍爱的态度。他们爱惜自然之力，善于农作物轮作，注意让生产资料休养生息；珍惜生态之力，精于探索自然天成的生活方式，在烹饪、茶饮、中医、养生等方面做到了天人相通；怜惜劳作之力，长于边劳动，边休闲娱乐和进行民俗、艺术创作，做到生产和生活的和谐统一。如果说"天人合一"是古代思想家们的哲学信仰，那么"亲近山水，讲求品赏"，应该是古代杭州人的生动实践，并成为影响后世的生活理念。

再如，中华文化的另一个特点是不远征、不排外，这体现了它的包容性。儒学对佛学的包容态度也说明了这一点，对来自远方的思想能够宽容接纳。在我们国家的东西南北甚至是偏远地区，老百姓的好客和包容也司空见惯，对异风异俗有一种欣赏的态度。杭州自古以来气候温润、山水秀美的自然条件，以及交通便利、商贾云集的经济优势，使其成为一个人口流动频繁的城市。历史上经历的"永嘉之乱，衣冠南渡"，"安史之乱，流民南移"，特别是"靖康之变，宋廷南迁"，这三次北方人口大迁移，使杭州人对外来文化的包容度较高。自古以来，吴越文化、南宋文化和北方移民文化的浸润，特别是唐宋以后各地商人、各大商帮在杭州的聚集和活动，给杭州商业文化的发展提供了丰富营养，使杭州人既留恋杭州的好山好水，又能用一种相对超脱的眼光，关注和包容家乡之外的社会万象。这种古都文化，也代表了中华文化的包容性特征。

城市文化保护与城市对外开放并不矛盾，反而相辅相成。古今中外的城市，凡是能够吸引人们关注的，都得益于与其他文化的碰撞和交流。现代城市要在对外交往的发展中，进行长期和持久的文化再造，并在再造中创造新的文化。杭州这套丛书，在尽数杭州各色传统文化经典时，有心安排了"古代杭州与国内城市的交往""古代杭州和国外城市的交往"两个选题，一个自古开放的城市形象，就在其中。

"杭州优秀传统文化丛书"在传统和现代的结合上，想了很多办法，做了很多努力，他们知道传统文化丛书要得到广大读者接受，不是件简单的事。我们已经走在现代化的路上，传统和现代的融合，不容易做好，需要扎扎实实地做，也需要非凡的创造力。因为，文化是城市功能的最高价值，也是城市功能的最终价值。从"功能城市"走向"文化城市"，就是这种质的飞跃的核心理念与终极目标。

2020年9月

（单霁翔，中国文物学会会长）

湖山佳趣图（局部）

目 录

001　引　言

第一章
西湖上的桥

008　我忆西湖断桥路，雨色晴光自朝暮

第二章
运河上的桥

040　欲将此意凭回棹，与报西湖风月知

第三章
中河上的桥

072　春楼不闭葳蕤锁，绿水回连宛转桥

第四章
东河上的桥

100　至竟东青桥下水，居人认作武陵看

第五章
杭州近郊的桥

122　一时箫鼓闹如雷，齐向长桥河边来

第六章
桥名依在的古桥

154　翠幕烟绡藏不得，一声声在画桥西

180　结语

185　参考文献

引 言

　　古代杭州，是一座多水也多桥的城市，那些桥有形如半月的石拱桥，以及少量的木桥、竹桥等。因为有了桥，人们往来更为便捷，大大方便了生产生活，也使城市多了一道道绮丽的风景。宋邱道源《钱塘》诗中有云："南屏高瞰府城西，画舸千艘共醉迷。四柱台边烟是幕，百花桥畔蓻连堤。"在这座美丽的城市里，一座座形态各异、风姿绰约的桥梁，已是天堂胜景不可或缺的组成部分，一则则逸闻传说、传奇故事更让它们显得神妙无比。通过对杭州古桥建造史、桥梁风采，以及文人墨客与古桥密切关系的展示，不但能看出杭州古桥的鲜明特征，还能进一步体味其深厚的文化内涵，体悟江南古桥的独有韵味。

　　七百多年前，在中国元朝，意大利人马可·波罗跟着他的父亲和叔叔一起来到了东方。在这片神奇土地上侨居的十七年中，马可·波罗游历了中国不少城市，但他印象最深的可能是杭州，他为这座河网密布的美丽城市称奇。在那部闻名中外的《马可·波罗游记》中，他盛赞杭州是一座"天堂之城"，感叹这里富丽堂皇的建筑、繁华的集市、人们华丽的衣着等。关于杭州的描绘在整部游记中占去了较大的篇幅。

在这部游记中，让他花去不少篇幅赞美的，还有杭州河道上的座座桥梁。"（杭州）城中有大小桥梁一万二千座，然建于大渠而正对大道之桥拱甚高，船舶航行其下，可以不必下桅，而车马仍可经行桥上，盖其坡度适宜也。就事实言，如果桥梁不多，势难往来各处。"这番描述似有夸张，这是因为他完全被这座城市摄去了灵魂，以至只能以浪漫纵情的文字表达他的内心。

是的，在这座多水的城市里，一面西湖、一条运河是她最大的亮点，而在密如蛛网的河道上，那一座座桥梁同样承载着历史文化的厚重内涵，记录着一则则感天动地的传奇。"城市街长十里遥，河港横卧十四桥。"杭州市内的各式桥梁尽管没有像马可·波罗所描述的那样数量巨大，但作为江南水乡的著名城市，从古至今，桥梁之多却是事实。

逢河架桥，从夏禹那个年代起至今，在山涧，在溪谷，在河上，乃至在陆地上，就已在杭州的各个地方持续进行着，缓解了人们的出行之困，并使已经畅通的交通更为便捷。古代杭州的第一座桥究竟出现在什么时候，出现在哪里，显然是一个值得探究的话题。

清代文字训诂学家段玉裁在《说文解字注》中如此释读"桥"一字："凡独木者曰杠，骈木者曰桥，大而为陂陀者曰桥。""乔"为声旁，其实也可理解为表义的形旁，强调它具有高大、架空的特点。杭州为江南水乡，桥梁在生产劳动和日常生活中不可缺少，其建桥史十分悠久。良渚文化遗址中的护城河、壕沟等上方出现原始的桥梁也是必然的。

与农业经济发展同步，江南一带最早出现的桥梁，大多是木桥、竹桥、舟桥等，杭州也不例外。两汉以后，杭州桥梁建造开始向石桥尤其是石拱桥转变，即平梁木桥、石板桥等渐少，开始大量建造单孔或多孔的石质拱桥，这也与北方造桥技术逐步传入有关。两汉以后的江南，随着造桥技术的不断提高，出现了多种拱桥形态，包括半圆拱、圆弧拱、椭圆拱、敞肩拱、波浪拱、折边拱、马蹄拱、石拱廊屋等，杭州也不例外，在桥梁造型和建造工艺上，也愈见多样化，富有艺术韵味。

此时，浙江古桥的五种类型，即碇步桥、梁桥、拱桥、浮桥、廊桥，在建造技术上都已十分成熟，尤其是石拱桥、石墩木梁桥等，进入隋唐时期后，成为江南一带建造桥梁的主要选择，而到了宋代，这些类型的桥梁已遍及杭州。

清康熙《钱塘县志》云："钱塘民居稠密，百步十寻，辄有桥梁以通往来。"南宋文人吴自牧则在《梦粱录》中记载，杭州桥有名可考者就有349座。无疑，那些散落在乡间而未被记录在册的会更多。清光绪十八年（1892）绘制的《浙江省城图》上，在杭城周长四千八百四十七丈（约15510.4米）的城墙内的石拱桥，有130多座，这个数字还未包括城外的桥和西湖风景区以及城内私家庄园内的桥。

据载，春秋战国时期，江南一带已经出现了土桥、木桥、竹桥，这些简陋的桥梁当然早就湮废不存了。宋室南渡后，在江南建了不少仿照汴州虹桥的木桥，今桐庐芦茨木拱桥即是那时的仿制物。

与此同时，春秋战国之际出现了石墩木梁跨空式桥。石梁或木头架在溪流两岸，就成了一座石梁桥。更宽的河，无非加几个石墩，尽管仍显简陋，但牢固多了。西汉时，石墩木梁桥进一步发展为石墩式或石柱式梁桥，东汉时期则又出现了单跨无梁石拱桥。据清雍正《浙江通志》

载，余杭的通济桥（大桥）、张公桥（葫芦桥）、莲花桥、部伍桥等都始建于东汉。这一时期，带闸门的闸桥和与河道平行、专门作为纤道的纤道桥也相继出现，均为石梁桥。

北宋元祐四年（1089），苏东坡第二次来到杭州，担任知州。在这次任职期间，他的最重要功绩之一，是力排众议，主持西湖疏浚，并用挖出来的葑草和淤泥筑起了一条长堤，即后人所称的"苏公堤"，简称"苏堤"。与另一位诗人、唐代杭州刺史白居易一样，筑起了堤，也在堤上筑起了桥。

一座又一座的石拱桥被长堤所串，横卧在湖上，如同一串珍珠，煞是迷人。春天拂晓，当晨光初启，堤上垂柳轻拂、桃花绽放，行走在这堤上，翻越一座座石桥，如同画卷般渐渐展开的湖山胜景在眼前一一呈现，在古人印象中，这就是天堂的模样。苏堤获得"烟柳画桥"之美誉，由此成为西湖美景的精华部分。说苏东坡是把杭州的桥梁当成诗词来建造的，此话实在不假。

南宋时期，杭州成为实际上的都城，城池发展到一个全盛期。在南宋存续的一百五十余年间，杭州城内各条河道得以疏浚，港埠增多，内河航运十分发达，桥梁建造也在城内城外铺开，城内的盐河（即今中河之一段）、市河、清湖河（浣纱河）以及城外的龙山河、贴沙河、菜市河、下塘河等河道上，均建起或修缮了不少桥梁，有的桥梁是与都城的宫廷设施一起建造的，有的则是纯粹为了便利民众往来，促进商贸交流。可以说，南宋时期是古代杭州桥梁建造的一个高峰期，如今依然存在的不少古桥，正始建于南宋。

进入元代之后，尽管杭州已不再是都城，但仍是东南重镇和交通枢纽，物产之丰富也令朝廷不得不加以重视。在这一时期，江浙行省和杭州路着手疏浚龙山河等河道，建造桥梁。到了明代，随着漕运的进一步发展，河道、堤坝、桥闸等方面的建设得到重视。据载，整个明代，杭州建造和修缮了七十多座桥梁，如运河上的拱宸桥，以及城内和城南的华光桥、海月桥等。

而到了清代，随着商贸业、运输业、丝织业等业态的兴盛，杭州的城市建设又有了新的发展。在桥梁方面，仅在运河南端，就又建造了登云桥、西登云桥、和睦桥、严家桥、杨家桥、河水木桥、瓦窑头桥等，大大促进了湖墅地区的繁荣，当年的"北关夜市"（武林门又称北关门，"北关"指的是今武林门至湖墅一带）更显兴盛，甚至成了杭城家喻户晓、市民纷至沓来的地方。清代文人丁丙曾在《北郭诗帐》中有诗描绘这一场景："宝庆桥连德胜桥，石灰江涨北新遥。夹城巷口尤繁盛，市镇同夸节物饶。"这首诗中所提及的多座桥梁，正是当年行栈最密集、贸易最兴盛的地方。

  和风熏，杨柳轻。郁郁青山江水平，笑语满香径。 思往事，望繁星。人倚断桥云西行，月影醉柔情。

一座座杭州古桥，是一道道迷人的风景，是活着的文物瑰宝，承载着丰富的历史信息。每座桥都有着可以回味的感人故事，都值得我们悉心保护，让它们继续闪烁历史文化的灼灼光亮。

第一章

西湖上的桥

我忆西湖断桥路，
雨色晴光自朝暮

在杭州所有古桥中，西湖白堤、苏堤和杨公堤上的桥无疑是精华所在。一方面因它们与西湖山水融合在一起，是如诗如画之风景的一部分；另一方面是它们大多建于宋及以前，现桥大多为明清以来的遗存，格局未变，风度犹存。"我忆西湖断桥路，雨色晴光自朝暮。"宋末元初文人汪元量的这首《忆湖上》诗句，描绘了不同时辰、不同天气下的西湖之美，这片景致的中心元素，除了水，便是古桥。古桥连接了园、岛、堤、岸，更为风光添彩。

一、白堤三桥：明湖里外一桥通

白堤三桥，说的是位于西湖北侧白堤上的三座古石拱桥，即断桥、锦带桥和西泠桥。

断桥究竟始建于何年，如今已很难确知。文字上对于断桥的最早记载，应是在唐代。唐代诗人白居易任杭州刺史时，曾在游孤山寺时与诗人张祜相遇，便邀他同游西湖。诗人之间免不了酬唱应答，张祜即作有《题杭州孤山寺》一诗：

楼台耸碧岑，一径入湖心。
不雨山长润，无云水自阴。
断桥荒藓涩，空院落花深。
犹忆西窗月，钟声在北林。

由此可知，断桥的出现，应是在白居易来杭任职之前，即公元822年之前。

断桥之所以被称作断桥，向来说法多多。一说是从孤山来的路到此而断，故名；另一说则是此桥原名段家桥，简称段桥，后音讹为断桥。北宋年间，此桥曾被称为短桥，南宋时，又被称作宝祐桥，但民间一直称它为断桥，直到现在。

明成化十年（1474），杭州知府李端主持修葺此桥。万历十七年（1589），苏杭织造太监孙隆在主持重修十锦塘（即白堤）时，又对此桥加以修缮。清时再度重修，在桥的东北筑起御碑亭，亭内立有康熙皇帝玄烨御笔"断桥残雪"碑。后又建"云水光中"水榭与其相连。这座古桥的桥体结构应是清末之遗存。

那么，在"西湖十景"中，为何将此桥畔之景色命名为"断桥残雪"？难道雪后的它最美？它究竟呈现出怎样的迷人景致？关于这个，说法也多种多样。一般指冬日雪后，桥的阳面冰雪消融，但阴面仍有残雪似银，从高处眺望，桥似断非断。不过，明末文学家张岱对此却有另一种说法，在他所著的《西湖梦寻》一书中，就有"（白）堤阔二丈，遍植桃柳，一如苏堤。岁月既多，树皆合抱，行其下者，枝叶扶苏，漏下月光，碎如残雪。意向言断桥残雪，或言月影也"之说，意即这里所说的"残雪"其实是月光，石桥、湖水、月光三者交融，十分美妙。

烟柳画桥 HANG ZHOU

断桥残雪

　　众所周知，白堤上的断桥、孤山西侧的西泠桥和西湖南侧的长桥，向来有"西湖三大情人之桥"之说，而断桥因为是民间传说《白蛇传》的故事发生地，便又成了中国最富浪漫意味的古桥。

　　《白蛇传》是一则缠绵悱恻的爱情故事。这则故事流传极广、版本颇多，在此稍加叙述。

第一章 西湖上的桥

　　据说在很久以前,有一条白色的蛇,在山上修炼了整整一千年,终于获得法力,成了蛇妖。她向往人间的生活,便变成了一位美丽的姑娘,名白素贞,来到杭州。与这条白蛇一起修炼成人并来到杭州的,还有一条青色的蛇,名小青,小青是白素贞的侍女。

　　白素贞和小青在西湖断桥边赏景,遇到了曾在前世对白蛇有过救命之恩的书生许仙。白素贞爱慕许仙,让小青故意制造了一场雨。与许仙一起躲雨时,白素贞便主动与许仙攀谈,接着又与许仙共舟而行返城,还借给了许仙一把杭州油纸伞。

几番交往下来,许仙也爱上了美丽、多情而又善良的白素贞。不久,两人成了亲,还有了一个可爱的儿子。当然,许仙根本不知道白素贞是蛇妖变的。

没想到,许仙与白素贞的幸福生活,被一个名叫法海的和尚知道了,他还认出了白素贞。法海不喜欢看见蛇妖与凡人生活在一起,决计加以破坏。他对许仙说:"你的妻子是个蛇妖!若不信,你就让她把雄黄酒喝下去,她必定会现出原形!"

许仙又惊又怕,不敢相信法海说的是真的。可是,当白素贞喝下雄黄酒后,果然成了一条大白蛇!许仙吓得昏了过去,生命垂危。得知真相的白素贞急忙花大力气找来灵芝草,救活了许仙。

法海发现这样不能把两人拆散,便设计把许仙带走,关在了一个叫作金山寺的地方。为了救出许仙,白素贞和小青一起施展法术,让大水淹没了金山寺。许仙被救出了,但大水伤害了很多别的生灵。上天严惩白素贞,让法海将她压在了雷峰塔的下面。

再后来,白素贞和许仙的儿子长大了,他考取了状元,救出了母亲,白素贞和许仙又团聚了。白素贞也脱胎换骨,成了真正的人。一家人从此幸福地生活在一起。

《白蛇传》是中国四大爱情传说之一(另三个为牛郎织女、孟姜女传说、梁山伯与祝英台),白素贞为了爱

《白蛇传》是经久不衰的年画题材

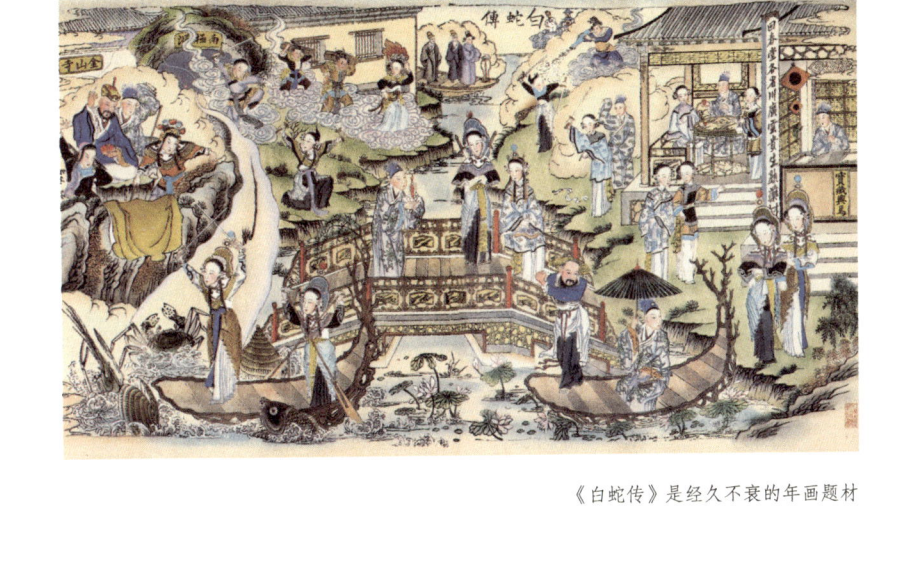

情敢于抗争的精神,感动了一代又一代人。由于这则故事的不少情节,如两人相识、同船回城、借伞定情、产生误会后又再次相遇、言归于好等,都在断桥发生,因此很多人来到这里,正是冲此民间传说。

不过,《白蛇传》的故事起源于宋代,初步定型于明代,成熟于清代,冲着白素贞、许仙来的游人大多是听熟了越剧《白蛇传》、川剧《断桥》等戏剧慕名而来,年代已晚。早在南宋时期,断桥一带就已成为游客麇集的地方,甚至是杭州城外最热闹、最繁华处之一。明代文人张京元在他的《断桥小记》一文中有过生动的描述:"西湖之胜,在近;湖之易穷,亦在近。朝车暮舫,徒行缓步,人人可游,时时可游。而酒多于水,肉高于山,春时肩摩趾错,男女杂沓,以挨簇为乐。无论意不在山水,即桃容柳眼,自与东风相倚游者,何曾一着眸子也。"而这也是把白素贞和许仙两人相识等情节设置在这里的原因。

值得一提的是,断桥的魅力一方面来自它的外形、它与周边景色的相得益彰、它的建造历史，以及与它有关的民间传说，另一方面也与咏叹它的大量诗文有关。

澄湖晓日下晴湍，梅际冰花半已阑。
独有断桥荒藓路，尚余残雪酿春寒。

这是明代文人杨周的《断桥残雪》。

醉里曾登白玉梯，东风吹暖又成泥。
玉腰蟢蛛垂天阔，金脊楼台夹岸迷。
九井晴添新水活，两峰浓压宿云低。
冲寒为访梅花信，十里银沙印马蹄。

这是曾在杭州任仁和训导、教谕等职的明代文人聂大年所作之《断桥残雪》。

为断桥留下诗文的，还有凌云翰、陈贽、田汝成、王瀛、张岱、袁枚等，一时无法穷尽。这一方面说明断桥本身之魅力，另一方面也说明断桥残雪的特有景致，能让文人墨客们把它与喜怒哀乐、与家国情怀相勾连。

过了断桥，沿白堤西行，快到孤山之时，分隔外湖与北里湖的便是锦带桥了。据明田汝成《西湖游览志》卷二记载：锦带桥前身名"涵碧桥"，北宋初期转运使陈尧佐曾经重修，有重修碑记为证。可见此桥在北宋之前的吴越国时期就已存在。

锦带桥的得名，与白堤古时称作十锦塘有关，也与康熙驾临杭州时此桥的实景有关。清代浙江总督李卫主持修纂的《西湖志》卷八载："锦带桥，旧架木为梁。圣祖仁皇帝（即康熙）临幸孤山，御舟由此转入里湖，后甃以石。雍正八年，总督李卫重葺。"此桥改筑石桥后桥平如带,宛如束在裙腰上的一条锦带,又是建在十锦塘上,如是称为"锦带桥"。

与断桥相类,今存之锦带桥也是一座弧圆形单孔石拱桥,桥台与基础均为块石堆叠,拱券为分节并列式砌筑,桥体形态如虹,俏丽非凡,是清代重修后的风貌。因为其模样与断桥几乎一样,所以断桥与锦带桥,有着"孪生姐妹"或"姊妹桥"的说法。

清代文人许承祖在《雪庄西湖渔唱》中曾咏锦带桥:"波光山色半模糊,锦带桥平入画图。约略前身是渔父,一竿双桨占西湖。"他把桥拟人化了,说它的前身可能是一名渔父,手持一竿双桨,占尽西湖神采,这样的说法既别致又生动。

事实上,在古人眼里,锦带桥给人以最深印象的是,从外湖穿过这座桥入北里湖,景色迥异。原本开阔的湖面,一下子缩小了,浩荡的景致在穿越桥洞后显得精致、宁静,这是因为北里湖紧依宝石山,又有白堤和北岸相围,景物、氛围等确与外湖不同。这一颇为奇妙、富有情趣的情景,曾让古人们为之迷恋。明代文人王叔杲的《十锦塘》诗,对此即有细腻的描述:

> 横截平湖十里天,锦桥春接六桥烟。
> 芳林花发霞千树,断岸光分月两川。
> 几度鹢飞堤外景,一清棹发镜中船。
> 奇观妆点知谁力,应有歌声被管弦。

沿堤再向西行,过孤山折往北,前方即是西泠桥了。西泠桥也是一座弧圆形单孔石拱桥,但比断桥和锦带桥的单孔净跨更大。古时,现桥址为一渡口,古人诗画中的所谓"西村唤渡处""船向西泠佳处寻",即指此处,可想而知，当时此处的湖面比现今开阔。站在这里，既能近看北里湖，又能远眺外湖；既在孤山的西侧，又能一步跨往北山，白堤、苏堤都在近旁，为西湖景色精华之集聚处，被古人誉为"佳处"并无夸饰。

西泠原名"西林""西陵"或"西村"，这一带宋代以前还散落着农家村庄。北宋诗人郭祥正《和杨公济钱塘西湖百题·西村》诗中云："远近皆僧刹，西村八九家。得鱼无卖处，沽酒入芦花。"可知昔时，这里只有几户村民，没有商铺店家，湖边也只有芦苇满岸。南宋以后，此地方才热闹起来，且与西湖沿岸各景点连在了一起。南宋词人周密《武林旧事》卷五载："西陵桥，又名西林桥，又名西泠桥，又名西村。"说明当时这里不仅已弃渡为桥，"西泠"一名也已出现。关于桥名，还有另一种说法，说"西泠"一名中的"泠"，是因为古时有水从桥下流过时，发出"泠泠"之声而得。西泠桥始建于哪个年代，现无确切记载，最晚应是在南宋时筑成。

人们来到同属"西湖三大情人之桥"之一的西泠桥，就会想起葬于桥畔的苏小小。明代张岱《西湖梦寻》有载："苏小小者，南齐时钱塘名妓也。貌绝青楼，才空士类，当时莫不艳称。以年少早卒，葬于西泠之坞，芳魂不殁，往往花间出现。"并录有西陵苏小小诗一首：

妾乘油壁车，郎跨青骢马。
何处结同心，西陵松柏下。

传说苏小小是南齐（479—502）才妓，钱唐（今杭州）人，家就住在西村附近。她美丽聪慧，自爱自怜。

有一回，乘车出游的她在湖堤上遇到了南齐宰相阮

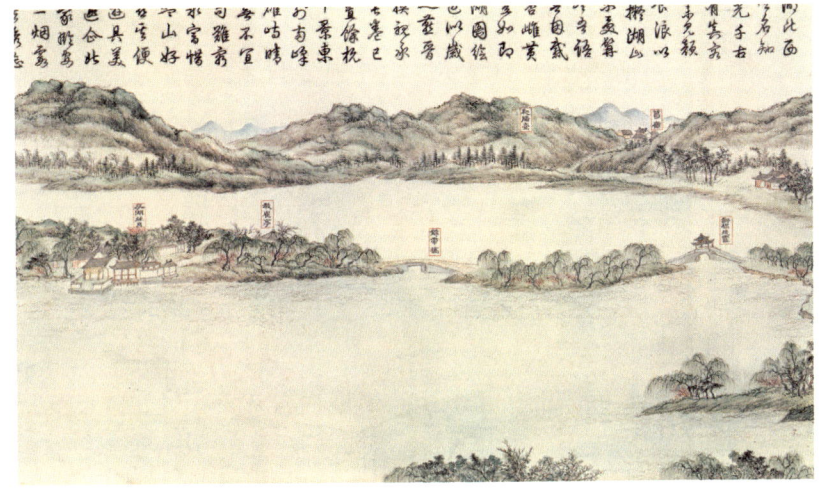

〔清〕王原祁《西湖十景图》中可见锦带桥与西泠桥

道之子阮郁,两人一见倾心。可不久,阮郁的父亲派人前来,催他归京。阮郁自此别后再无音讯,让苏小小黯然神伤。

后来,苏小小又与书生鲍仁相识,并慷慨解囊,资助贫困的鲍仁上京赴试。谁料此后苏小小遭人陷害,被关入监狱,且因心感冤屈,身染重病。弥留之际,她特意向身边的人请求,死后把她埋在西泠之侧。

应试登第的鲍仁返杭后，闻知苏小小已逝，悲恸万分。遵照苏小小的遗愿，鲍仁出资购地，在她所指定的地方造墓，墓前立一石碑，上题"钱塘苏小小之墓"。

其后，有人又在墓上筑一小亭，名"慕才亭"，并撰有楹联"千载芳名留古迹；六朝韵事著西泠"，表达对苏小小才情的追慕。

南宋时，西泠桥一带成为游人聚集处。人们一般在早晨出来，泛舟湖面，先游西湖之南，再往北游。其时，但见水面上画舫如织，一旦到了午时，则尽入西泠桥。周密有词曰"看画船尽入西泠，闲却半湖春色"，说的就是这个。

如今，西泠桥西侧还有武松墓，墓碑上刻有"宋义士武松之墓"，始建于 1924 年。桥南不远处还有"鉴湖女侠"秋瑾之墓，第一次迁葬于此的时间是 1908 年 2 月。

值得一说的是，西泠桥畔的丹枫黄菊，曾是引得游人流连于此的一大美景，明清时还把它们定为秋日幽赏的景目。明代戏曲家高濂《四时幽赏录》中有云："西泠在湖之西，桥侧为唐一庵公墓，中有枫柏数株，秋来霜红雾紫，点缀成林，影醉夕阳，鲜艳夺目。时携小艇，扶尊登桥吟赏，或得一二新句，出携囊红叶笺书之，临风掷水，泛泛随流，不知飘泊何所，幽情耿耿撩人。更于月夜相对，露湿红新，朝烟凝望，明霞艳日，岂直胜于二月花也！西风起处，一叶飞向尊前，意似秋色怜人，令我腾欢豪举，兴薄云霄，翩翩然神爽哉，何红叶之得我耶！"由此可知，西泠桥畔因为有了这道风景，一度成了旅游胜地。

二、苏堤六吊桥：树烟花雾绕堤沙

北宋元祐四年（1089），年过半百的苏东坡再次来杭，任杭州知州（任期为1089—1091年）。他发现西湖草长水涸，淤塞过半，已严重影响这一带的农业生产和百姓生活，便向朝廷上奏《杭州乞度牒开西湖状》，请求疏浚西湖。

不久后，朝廷允准了苏东坡的请求，给予一百道僧人之"度牒"，作为疏浚西湖的资金来源，苏东坡随即着手准备疏浚工程事宜。

前文所说的度牒筹资，在此须解释一番。简单地说，度牒是唐宋年间，朝廷的相关机构发给公度僧尼，以证明其合法身份的凭证。僧尼有了它，便取得了合法的身份，留居本寺或行游他方都将不被为难，还可以凭此免除赋税和劳役、兵役等，可见每道度牒都是蛮有含金量的。当然，朝廷不可能无节制地发放度牒，每年度牒的发放数量都是有限的，想成为公度僧尼，就得想方设法去弄一道这样的身份证明。

宋代，度牒买卖盛行，有的人凭借官方关系，暗中获得度牒再售卖换钱，这一现象屡禁不止。不过，朝廷在向一些州县拨付资金时，往往也会以给予一定数量的度牒的方式，允许州县售卖以筹集资金。这样一来，朝廷免去了资金的拨付，州县则能凭此获得售卖收入，可谓"两全其美"。

按当时的算法，苏东坡从朝廷那儿获得的一百道度牒，可以卖钱数万贯，这可不是一个小数目。一百道度牒很快售出了，苏东坡便用这些钱雇来佣工，并采用以工代赈的方法，集中了二十多万人，把葑草打捞干净，并用挖出的葑草和淤泥在西湖西侧筑起一道长堤。杭人称此堤为"苏公堤",亦称"苏堤",以此怀念和感谢他。

苏堤南起南屏山麓,北至栖霞岭下,长近 3 公里。虽说这条堤,昔时还只是今日苏堤之雏形,但堤上的六座桥梁当时就有了。这被杭州人称为"苏堤六桥"的六座单孔石拱桥,自南向北,分别名为映波、锁澜、望山、压堤、东浦(一说束浦)、跨虹。苏东坡后曾作有一诗:

> 我在钱塘拓湖渌,大堤士女争昌丰。
> 六桥横绝天汉上,北山始与南屏通。
> 忽惊二十五万丈,老葑席卷苍云空。
> ……

自豪之情溢于言表。

尽管六座石拱桥形态相似,但各有其特色,各有其故事。

映波桥为苏堤南山之首桥,与西湖十景之一的"花港观鱼"毗邻。旧时,桥西有一条小港汊,与赤山教场相通。赤山教场乃南宋殿司左军(禁军之一部)的训练检阅场地,位于今赤山埠附近,当时官兵出入,那条小港汊无疑是条要道。宋时,映波桥畔还有旌德观、先贤堂,并筑有虚舟、云锦二亭。站在映波桥头,可见"花港观鱼"景区内亭台楼阁、长廊水榭的倒影,烟波摇漾,绮丽多姿。映波桥的桥栏上饰有跃狮、蝴蝶和回纹等图案。

锁澜桥从字面上理解,是锁住波澜的意思,的确也是,每当起风之时,西湖的浪头还比较大,但锁澜桥以北的西里湖总是比外湖要平静得多。这是因为长长的苏堤已把堤岸以东的西湖隔在了外面,从东面吹来的风被苏堤

第一章 西湖上的桥

六桥烟柳（出自明代《海内奇观》）

挡住，西里湖自然要比外湖水面平静。

锁澜桥西曾有湖山堂，雕梁画栋，屋宇众多，为西湖堂宇之冠，据说还是当时苏堤旁最美的建筑，为南宋京尹洪焘所营建。桥西北为三贤堂，以纪念与西湖结缘的三位名贤：白居易、苏东坡和林和靖。三贤堂曾重修过，元代改为西湖书院。宋元之际的文人顾逢曾有《西湖书院重建三贤堂》一诗：

三贤堂废西湖上，文庙重营气宇新。
若得雪江相配享，方知创立是何人。

望山桥为苏堤上的第三桥，西可望花家山，相传古时经常有人站在这里眺望花家山，而花家山的景色亦清晰可睹，"望山桥"一名由此而来。东望则可见小瀛洲，是苏堤最靠近"三潭印月"景观的地方。其实站在这座桥上，如果稍高一些，还能望见峰峦叠嶂的湖西诸山，甚至可北望"双峰插云"景观。古时，花家山下也有一条小港汊，从望山桥下出发，可直入其内。

压堤桥，苏堤上的第四桥，之所以称为"压堤"，并非指这座桥梁有多重，而是指它正好位于苏堤的中段，有扼全堤之意。正是因为此桥位居苏堤南北的黄金分割位，自然有其独特设置，"苏堤春晓"的御碑亭即在压堤桥堍，点明此处乃苏堤景色精华之所在。据说，以往压堤桥边的湖中还产西湖莼菜，显然，这里所产的莼菜是最正宗的。

南宋时，压堤桥南侧有一座施水庵，据载是由丞相贾似道主持修建的。庵旁筑有石台，台上有石笼灯，用来为夜行的船照亮前路。因为压堤桥位于苏堤中段、西侧湖面的中央，桥下的水较深，为通航要道，若乘船前往灵隐、天竺朝拜，必然经过这里，所以桥旁有石台灯笼，能让夜船安全地入洞行走。拥有照明设施的桥梁，当年在江南一带是罕见的。另外，压堤桥边先前还有水仙王庙，亦名龙王祠，庙里供奉的是龙王，即西湖的湖神。或许龙王也是前来"压堤"的。祠中有荐菊井一口，井名显然来自苏东坡《书林逋诗后》诗中"不然配食水仙王，一盏寒泉荐秋菊"之句。

东浦桥为苏堤第五桥，桥通曲院港，与西岸杨堤六桥之流金桥斜对。站在桥上，面向湖东，湖面十分宽阔，此桥遂被认为是湖上观日出的最佳点之一。有关东浦桥，最大的"悬案"应是它的桥名了，即桥名究竟是"东浦"还是"束浦"？在很长一段时间里，不少学者分持这两种不同说法，各有各的理由。

据传，苏堤六桥的桥名很可能是由南宋文人吴自牧定夺的，在他所撰《梦粱录》第七卷和第十二卷中，明确写出了映波、锁澜、望山、压堤、东浦、跨虹六座桥名。而其后各朝所出的典籍，如明代田汝成的《西湖游览志》、清代的官书《西湖志》和翟灏、翟瀚兄弟所撰《湖山便览》等书中，都采用了这六个桥名，只是在丁丙所编《武林掌故丛编》中，所收录的《钱塘湖山胜概记》一文里，却把此桥说成了"束浦"。奇怪的是，康熙年间的《钱塘县志》艺文卷在收录《钱塘湖山胜概记》时，又明确记载此桥名为"东浦"。由此可知，记载的不同应是导致两种桥名混淆不清的最大原因。

的确，从桥名的对仗工整来说，"映波"对"跨虹"，"望山"对"压堤"，"锁澜"对"束浦"，十分合榫，"束浦"确有其可取之处，从某种程度上说，甚至更加贴切，但原桥名究竟如何，毕竟应该尊重客观。此桥的桥名，从南宋到明清的几乎所有文献，尤其是好几部宋明时刊刻的文献，都明确记载为"东浦桥"，可见这一桥名具有相当的权威性。

由此，可加以推断的是，"东浦"被记载为"束浦"，很可能是昔时雕版印刷过程中的误刻，而非有意为之，只是有人以讹传讹，把它当成了真正的桥名。不过，把此桥说成"束浦桥"也已有好几百年，也有了一定的影响，故如今一般采用"两说法"，即认定此桥桥名为"东浦"，同时又加注，标明"别称'束浦'"或"东浦桥（一说'束浦桥'）"。

东浦桥之南，沿曲院风荷南首之金沙堤往西，有玉带桥一座。此桥为三跨石级桥，为西湖上唯一一座建有廊亭的汉白玉拱桥。桥墩呈三角形"分水"，远看似下垂带环。此桥始建于清，昔时为清代西湖十八景之一。雍正《西湖志》卷四记载："金沙港在里湖之西，与苏堤之望山桥对，适当湖南北正中。雍正八年启建怡贤亲王祠，遂作堤于望山桥之北，名金沙堤。复于堤上构石梁，以通里湖舟楫。因港中溪流湍激，设三洞以酾水，状如带环，故名玉带焉。"

苏堤的第六桥，便是跨虹桥。此桥是苏堤六桥中最北的一座，与另外五座桥梁相比，桥形最大，长度、跨度、坡度也最大，且此桥是在明朝被移动到今桥址的，是苏堤六桥中唯一移动过桥址的桥梁。过了跨虹桥，苏堤也快走到尽头了。往东看去，西泠桥清晰可睹；往西看去，则可见曲院风荷全景。

近现代诗人刘大白写有一首《一剪梅·西湖秋泛》：

苏堤横亘白堤纵。横一长虹，纵一长虹。跨虹桥畔月朦胧。桥样如弓，月样如弓。　　青山双影落桥东。南有高峰，北有高峰。双峰秋色去来中。去也西风，来也西风。

这首词把站在跨虹桥上看到的景色都写透了。

苏堤六桥是西湖景色之精华，杭城百姓向来有"西湖景致六吊桥，间株杨柳间株桃"的民谣，道出了苏堤景色之所以迷醉人的原因。自苏堤建成以来，苏堤两侧遍植花木，主要有垂柳、碧桃、海棠、芙蓉、紫藤等，尤以柳树和桃树为多。南宋年间，苏堤上还先后建起了不少亭台楼阁，更添其景致，成为西湖十景之"苏堤春晓"。元时，苏堤六桥之景被称为"六桥烟柳"，为"钱塘十景"之一。凡此种种，都表明了以六吊桥为主景的苏堤景色，在人们心目中的地位。

明代文人聂大年曾有一诗《苏堤春晓》，几乎还原了当年的苏堤美景：

树烟花雾绕堤沙，楼阁朦胧一半遮。
三竺钟声催落月，六桥柳色带栖鸦。
绿窗睡觉闻啼鸟，绮阁妆残唤卖花。
遥望酒旗何处是，炊烟起处有人家。

三、杨公堤六桥：一片春波里六桥

扶阑上下影空摇，一片春波里六桥。
几日东风试新柳，夕阳回首客魂销。

这是清代文人许承祖的《杨堤》诗，描述的是西湖杨公堤里六桥的春天景致。

说起杨公堤六桥，就得说说另一位主政杭州、治理西湖的行政长官杨孟瑛了。

明弘治十五年（1502）起，杨孟瑛担任杭州知府。来到杭州，免不了巡察西湖，这是来杭任职的官员常做的事。其时，因年久未治，西湖葑塞已久，湖西一带几成平陆，这情景让杨孟瑛十分吃惊。不过，让杨孟瑛更为吃惊的是，当他提出疏浚西湖的设想时，竟有不少官员表示反对，认为需要关注的问题还有很多，整治西湖淤塞没有如此急迫。可见明时，不少官员对西湖的重要性还极其漠视。

杨孟瑛力排众议，始终坚持自己的观点，筹措资金，组织人力，于明正德元年（1506）开始，对西湖，尤其是湖西实施了一次彻底的疏浚。这也是元朝以后对西湖进行的最大规模的一次疏浚。

据载，这一次疏浚，共清除侵占西湖水面而形成的近三千五百亩田荡。与宋代一样，疏浚所得的淤泥、葑草等被筑成长堤。就这样，疏浚结束后，西里湖上出现了一条总体上呈南北走向的长堤，与苏东坡当年所主持筑就的苏堤并行。杭州的百姓对西湖疏浚自然是支持的，特别感激杨孟瑛。为了纪念杨孟瑛疏浚西湖，后人把这条湖堤称为"杨公堤"，简称"杨堤"。

杨公堤北起仁寿山、马岭山脚，南至赤山埠、钱粮司岭东麓，连接丁家山、眠牛山。杨公堤上也建有六桥，由北至南分别名为环璧、流金、卧龙、隐秀、景行、浚源。因杨公堤位于苏堤的里侧，杭州人又俗称其堤上六桥为"里六桥"，以与苏堤外六桥相对应。

明代田汝成所撰《西湖游览志》中，对杨公堤里六桥的各桥位置及四周交通、桥名来历等进行了一一记载：

自北而南，第一桥，近净空院，玉泉之水出焉，题曰环璧，自此而西，可通耿家埠。第二桥，金沙滩之水出焉，题曰流金。自此而西，可通曲院路，游灵竺者之所从停桡也。第三桥，近龙潭，深黝莫测，有时祥光浮水，盖神物之窟宅也，题曰卧龙。自此而西，可通茅家埠。第四桥，绕丁家山而东，沿堤屈曲，苍翠掩映，题曰隐秀。从此而西，可通花家山，又名花家园。第五桥，西挹高峰，旧有三贤祠在焉，《诗》云'高山仰止，景行行止'，喻好贤也，题曰景行。从此而西，可通麦岭路。第六桥，从定香桥而入，近发祥祠，虎跑、珍珠二泉之水出焉，其源长矣。《诗》云'长发其祥'，非浚导不可，题曰浚源。

然而，明清以后，杨公堤以西的湖面逐渐淤塞，至新中国成立前夕仅存茅家埠以西一段窄窄的小河。2002年12月，杭州实施"西湖西进"工程，将原淤塞成地的杨公堤以西湖面重新恢复，并把原西山路恢复为"杨公堤"路名。与此同时，堤上的里六桥得以重建和移改。

西湖的每个角落都有其独特风采，湖西当然也不例外。同样，与苏堤六吊桥相比，杨公堤里六桥自有其独特风韵，在此值得一说。

里六桥虽仍为石拱桥，但桥形更加小巧玲珑、轻盈优美，与整条杨公堤和周边景物十分谐调。杨公堤及里六桥位于西湖里侧，与中心湖区相比，这里芦苇轻曳，还有成片的湿地，不少村庄点缀其间，极富自然野趣。何况这里绝无市声，安静的环境中唯有鸟语啁啾。据此，明代画家陈洪绶有《独步》诗云：

外六桥头杨柳尽，里六桥头树亦稀。
真实湖山今始见，老夫行过更依依。

环璧桥是杨公堤上的第一座桥，从玉泉流出的水在此桥下流过，颇富情趣。在这里，"玉泉"之"玉"与"环璧"之"璧"相对，其意自明。民国年间修建西山路时，环璧桥改拱桥为平桥，今环璧桥为杨公堤恢复时，在其原址之南重建。

流金桥桥名中的"金"，与附近的金沙港有关。金沙港又名"金沙涧"，位于西湖之西，为注入西湖的最大天然水流。相传，旧时因涧沙明净、色如黄金而得此名。金沙港有两条水源：北源称北涧，发源于灵隐山之西源峰；南源称南涧，又名流虹涧、龙潭，发源于天竺山之白云峰。两条水源汇合后称"冷泉"或"灵隐浦"，过了行春桥（即今洪春桥）以下，方称金沙港（金沙涧），亦有将整个金沙港水系称为"金沙港"或"金沙涧"的。

南宋《咸淳临安志》卷二十三载："灵山之阴，北涧之阳，即灵隐寺；灵山之南，南涧之阳，即天竺寺。二涧流水号钱源。"南宋《梦粱录》卷十一则载："金沙涧在灵隐寺侧，自合涧桥绕寺山一带。唐家同石桥在军寨门内，至行春桥折入步司前军寨门，由曲院流入西湖。"由此可知，金沙港沿途亦非寻常地。

京剧表演艺术家盖叫天和著名民族企业家都锦生的故居都在此桥不远处。其中，都锦生与这片土地的关系更为密切。民国八年（1919），都锦生毕业于浙江省甲种工业学校机织专业，留校任教。在教学实践中，都锦生亲手织出中国第一幅丝织风景画《九溪十八涧》，其景色参照了湖西美景。1922年5月15日，都锦生又在其茅家埠家中办起了都锦生丝织厂，厂址距杨公堤亦不远。可以说，这一带是他事业的"发迹地"。

杨公堤上的第三座桥为卧龙桥，相传这座桥所处位置是西里湖的最深处，有"龙潭"一说，《西湖游览志》说此桥"有时祥光浮水，盖神物之窟宅也"，仿佛桥下就是神龙之居所，说得活灵活现。不过，这一带湖水较深，且特别清澈，倒是真的，凡是西湖船工，都知道这一点。直至现今，从西湖中心位置驶入西里湖，往往都选择从这座桥下穿过。

卧龙桥畔曾有墓茔，墓主为辛亥革命志士王金发（1883—1915）。王金发是浙江绍兴人，18岁就加入了反清的会党，曾任绍兴军政分府都督、国民军副司令、驻沪讨袁军总司令等，身上既有绿林草莽的豪情，也有革命志士的侠义。秋瑾牺牲后，王金发率部下躲入浙东山林草泽中，劫富济贫，暗杀叛徒、清吏，被他处决的有叛徒汪公权、秋瑾案告密者胡道南等。

1915年5月，王金发与同盟会成员姚勇忱等人一起在杭州活动，遭浙江都督朱瑞软禁，6月2日下午4时就义于杭州陆军监狱。孙中山先生闻讯后喟叹："天地不仁，歼我良士！"并把王金发誉为"东南一英杰"。

王金发安葬在卧龙桥畔，民国时，常有人来此拜谒。中华人民共和国成立后，此地被辟为空军疗养院，王金发墓茔被迁至龙井山中，后又被迁回其故乡嵊县（今嵊州）。

再往南行，杨公堤上的第四座桥为隐秀桥，一如田汝成所言，这座桥的特点：一是"沿堤屈曲"，即堤岸的走向，呈现出弯绕折曲的线条；二是"苍翠掩映"，即整座桥被浓密的翠树绿草所遮掩，隐没在绿色中，更显其风姿秀丽。

第五座桥为景行桥。一望可知，此桥的桥名出自于《诗经·小雅·车辖》中名句"高山仰止,景行行止"。"高山",比喻高尚的德行;"景行",大路,比喻行为正大光明。后人往往以"高山景行"来比喻崇高的德行,表达对贤人的敬仰之情。田汝成《西湖游览志》中"旧有三贤祠在焉"之句,意谓这里曾有一座三贤祠。

明张岱《西湖梦寻》有载,宋时,西湖边有两座三贤祠:一座在孤山竹阁,所祀三贤为白乐天、林和靖和苏东坡;另一座在龙井资圣院,供奉赵阅道(抃)、僧辩才及苏东坡。南宋宝庆年间(1225—1227),尹京袁樵把原本位于孤山竹阁的三贤祠移到了苏公堤。有人为此题诗:"和靖东坡白乐天,三人秋菊荐寒泉。而今满面生尘土,却与袁樵趁酒钱。"杨孟瑛疏浚西湖后,改三贤祠为四贤祠,增祀唐朝中书侍郎、人称"李邺侯"的李泌。此祠早已不存。

景行桥始建于明代,现桥为清代重建,系单孔石拱桥。在杨公堤六桥中,这是唯一一座尚存的古桥。此桥另有

景行古桥

一名,曰"金行桥",应为"景行桥"音讹所致。

浚源桥为杨公堤上的第六座桥,虎跑和珍珠二泉都从桥下流过,可谓源远流长。浚源桥旁侧,明代出现了一座发祥祠。发祥祠可不是一座常见的祠院,其中还有一段皇室故事哩,值得在此一说。

据《明史》记载,杭州昌化贫民邵林把女儿邵氏卖给了当时的杭州镇守太监,邵氏由此于天顺四年(1460)得以被选入宫,成为太子朱见深身边的宫女。因邵氏"知书,有容色",朱见深颇为宠爱。成化十二年(1476),邵氏为已当上皇帝的朱见深生下第四个皇子,即朱祐杬,邵氏因此被封为宸妃。朱祐杬于成化二十三年(1487)被封为兴王,病逝于正德十四年(1519)。

正德十六年(1521)三月,明武宗朱厚照驾崩。因明武宗没有子嗣,只能从其堂兄弟中按嫡长亲疏关系选取嗣君。就这样,与明武宗血脉最为接近的朱祐杬的次子朱厚熜,成为新皇帝的人选(其时,朱厚熜已承袭为兴王)。正德十六年四月,朱厚熜正式即皇帝位,次年改元嘉靖。

"一人得道,鸡犬升天。"可想而知,因为朱厚熜当上了皇帝,邵氏随之被尊为皇太后,其父邵林也被追谥为昌化伯。嘉靖十九年(1540),朱厚熜诏令杭州地方官,在西湖南山(今九曜山北、浚源桥南)择地重修邵林夫妇墓,同时建起一座祀祠,称为"发祥祠"。

"发祥"一词来源于《诗经·商颂·长发》:"睿哲维商,长发其祥。""长发其祥"的意思,是说经常会有吉祥的事情降临,后又常用此语作为祈祝事业发达的吉利话。不过,用在这里,又有另外一层意思,即为嘉靖皇帝得以继承大统，最早是在这片西湖山水胜地"发祥"的。而为保长久蓬勃发达，就必须保持源头不绝、流水通畅。浚源桥的桥名当由此而来。

四、长桥：玉屏青障暮烟飞

"孤山不孤，断桥不断，长桥不长"被誉为"西湖三怪"，其中，围绕长桥与断桥这两座桥，民间传说故事都与爱情有关。断桥有许仙与白娘子的故事，前文已有所述，长桥则有两则缠绵悱恻的爱情故事，一是南宋江南名妓陶师儿与书生王宣教的爱情故事，一是梁山伯与祝英台的爱情故事。

长桥又名双投桥，位于西湖的东南角，靠近今南山路，西距雷峰塔五百余米。有一条小溪（今称长桥溪）源出玉皇山，自南向北流淌，注入西湖，长桥就横跨于这条小溪之上。事实上，这座如今貌不惊人的小桥，宋时却有着一定的规模。史载，当年的清波门外，西湖水面颇为辽阔，长桥溪水量充沛、水面宽阔，架于溪上的桥梁显然不小。它一共有三个桥孔，桥顶上有亭子一座，加上桥两端的引桥，桥的总长度在三里左右，真可谓是一座真正的长桥了。

相传，南宋淳熙年间（1174—1189），杭州城里有一名书生，名叫王宣教，在一个偶然场合与少女陶师儿相遇，双方都动了春心。王宣教陶醉于陶师儿的纯情，陶师儿则欣赏王宣教的才情，两人免不了在西湖边悄悄地卿卿我我，欲结永心。

可想而知，这对小恋人的情事很快就被父母们所知悉。陶母很快打听来王宣教的家庭情况，竟是家境贫困、地位低下，遂对女儿横加阻拦，要她与王宣教一刀两断。

陶师儿自然不从，她把受到母亲阻拦的事告诉了王宣教，两人一筹莫展，但又实在不愿分开。当得知陶师儿的母亲正准备把女儿许配给富家子弟时，两人更是心急如焚。

八月中秋之夜，二人相约于西湖。从家中逃出来的陶师儿悲伤地对王宣教说，或许以后再也无法从家中逃出，与他见面了，因为父母已经为她定下出嫁日期，不久后将成为他人妇。绝望的两人坐在西湖边的长桥上，看着夕阳西下，觉得假若从此再也不能见面，不能生活在一起，那便是无法忍受的永远的黑暗。在极度的痛苦中，两人一致认为，既然不能举案齐眉，共度甜蜜日子，不如就此共赴黄泉。就这样，两人手牵着手，双双投入桥下湖中，化作了两缕冤魂。

人们痛惜一段美好情缘就此终结，痛惜一对可爱的年轻人如此殉情，为了纪念忠贞不渝的他们，便给这座长桥添上了一个新的名称——双投桥。

上述分明是一则滥俗了的爱情故事，类似的情节也是俯首可拾，但它与西湖山水融合在了一起，无疑增加了它的伤怀、它的凄美。对此，元代文人冯士颐有诗记曰：

与郎情重为郎容，南北相看只两峰。
请看双投桥下水，新开双朵玉芙蓉。

随着时间的推移，包括西湖东南角水面的湖区地貌出现了若干改变，湖床抬高，水口也渐渐淤塞，原本三里长的长桥也慢慢地变得短起来，直到近代，变成了一座十足的"短桥"，但因桥名一直未变，由此成了"西湖三怪"之一的"长桥不长"。

烟柳画桥 HANG ZHOU

长桥卧波

　　梁山伯与祝英台的爱情故事，唐初即有记载，至北宋时已成形，明代已传遍江南、中原一带。这则爱情故事的主要场景地是在杭州西湖，确切地说，是在长桥。

　　相传来自鄞县（今宁波）的书生梁山伯在杭州万松岭的万松书院求学，与女扮男装的上虞人祝英台因同学

第一章 西湖上的桥

而相识，两人志趣相投，结拜为"兄弟"。事实上，在长达三年的同窗生活中，祝英台已经喜欢上了梁山伯。三年后，因祝父思女心切，让祝英台提前离开杭州，返回上虞老家，两人便在长亭（长亭是长桥的一部分）依依惜别。

祝英台回乡之前，以玉扇坠为凭，恳请师母为其做媒，与梁山伯结为秦晋之好。尚不知此事的梁山伯送祝英台回家，"长桥相送"便是梁祝"十八里相送"中最重要的一段，后经同题越剧等艺术作品的反复演绎，成为最经典的爱情桥段之一。祝英台反复提醒梁山伯，自己是个女儿身，但木讷的梁山伯仍是浑然不觉。两人在长桥上依依送别，你送过来，我送过去，竟然来来回回地送了十八次。所谓"十八里相送"，确切地说应该是"十八次相送"。

"长桥相送"时，祝英台故意把自己的九妹"托许"给了梁山伯，梁高兴地接受了。祝英台走后，梁山伯从师母那里得知祝英台其实是个女的，终于恍然大悟，对祝英台的友情顿时上升到了爱情，遂托师母向祝英台求婚。

谁知祝父不顾女儿的强烈反对，已把她许配给了当地太守之子马文才，家境贫穷的梁山伯当然不会是祝父的选择。当梁山伯来到祝英台家乡，在一座楼台上相会时，祝英台不得不告知实情，梁山伯从大喜跌落到大悲，归家后一病不起，不久就抱憾离世。

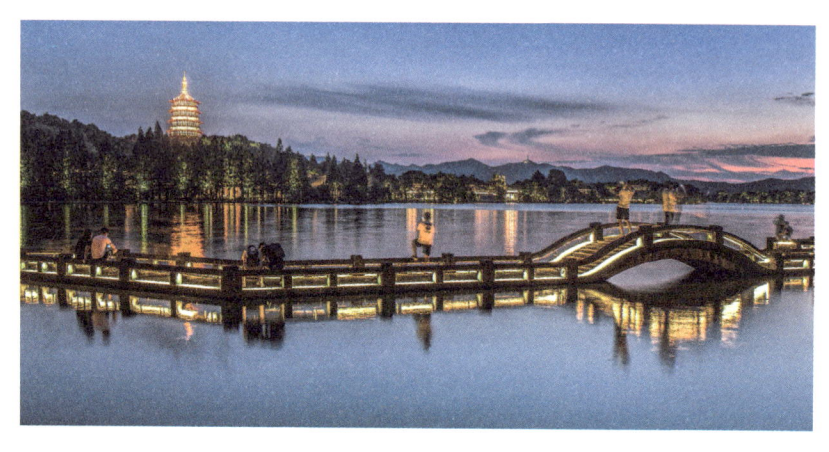

长桥流光

听说梁山伯已为自己伤情而逝，祝英台悲痛欲绝。不久，马文才与她的大婚之日到来，祝父和众人催着她上轿。上轿之前，祝英台提出了两个要求：一是全身缟素，二是希望迎娶她的婚嫁队伍到梁山伯墓前绕一下。祝父同意了。

婚嫁队伍到达梁山伯的墓前，祝英台执意要下轿。此时，突然电闪雷鸣、暴雨如注，墓茔蓦地爆裂，出现了一条硕大的缝隙。惊恐的人们看到，祝英台已经纵身跳入了这条缝隙，遁入墓中，而墓茔也很快重又合拢，风停雨歇，彩虹高悬，天地间一派锦绣。当人们还在惊诧莫名之际，从墓茔里飞出两只美丽的蝴蝶，在天空中翩翩起舞，人们觉得这分明就是重聚的梁山伯和祝英台化身而变的，从此他们永远不再分离。

梁祝爱情故事与王宣教陶师儿爱情悲剧有着诸多共同之处，尤其是当爱情受到阻碍之时，他们都表现出以命相争、生死相从的激烈行为。但梁祝的结局似乎更为浪漫，也更为奇异。长桥作为这两则爱情故事的重要场景地，起到了不可或缺的烘托和渲染作用。旧时传说，每逢春暖花开，长桥边上会出现许多美丽的蝴蝶，仿佛仍在惦念那些为爱殉情的人儿。其实，这是因为长桥一带依山傍水，空气湿润，花木繁盛，春天时出现大量蝴蝶和蜻蜓，应只是一种自然现象。

值得一提的是，长桥一带距净慈寺、南屏山很近，黄昏时分，万物安静之际，在此流连，那份安谧、幽雅、空灵之感，是极其诱人的。明代文人万达甫撰有一诗，虽是写"西湖十景"之一的"南屏晚钟"，但这份独有的氛围显然与长桥一带相通：

玉屏青嶂暮烟飞，绀殿钟声落翠微。
小径殷殷惊鹤梦，山僧归去扣柴扉。

第二章

运河上的桥

欲将此意凭回棹，
与报西湖风月知

大运河于杭州而言，关系十分重大，它使得杭州与北方、中原有了更密切的勾连，从而使它迅速成为江南中心城市之一。"自别钱塘山水后，不多饮酒懒吟诗。欲将此意凭回棹，与报西湖风月知。"（《杭州回舫》）这是唐朝诗人白居易依运河离开杭州后，思念杭州山水，思念运河风情的真实写照。杭州段是大运河的最南段，在这段河流及上塘河等其支流中，同样建有大量桥梁，这些桥梁各有各的用途，各有各的来龙去脉。与西湖上的桥梁不同的是，它们似乎更具气势，不乏慷慨悲壮；极富门户意味，同时富有市井烟火气。而它们在跌宕历史中所扮演的角色，在某种意义上，又让它们充当了杭州历史文化的重要符号。

一、拱宸桥：卅丈环桥首拱宸

运河南端的拱宸桥最初是一座木桥。民间曾有一种说法，说元末张士诚割据杭州，叫人开凿京杭运河新河道后，发现江涨桥以北这段运河水流湍急，遂在此修建桥梁以平缓水流。这座桥是木质平桥。如果这一说法属实，那么拱宸桥的历史已有六七百年。当然，当时这座桥的名字不叫拱宸桥。

明崇祯四年（1631），尚为木桥的拱宸桥在运河上出现，这是有明确记载的。其时，举人祝华封为解两岸船渡之苦，主动揽下募集资金的活儿，并自己主持造桥。清康熙《钱塘县志》载："明季崇祯四年，举人祝华封等以北流逝水无停蓄回顾之情，形家所忌，呈请当事募建桥以镇锁之至。"

清代文人章藻功，曾在相关文章中阐述了修建拱宸桥的重要意义："漕艘之所出入，百货商贾民船之所来往，风起冲击，猝不及停泊，势至险也。……厥地形为扼要处所，则拱宸桥所宜亟建也。"

清顺治八年（1651），木桥坍塌。运河南端河面宽阔，船只经过频繁，加之木桥本来就较难抗御流水和行人的侵蚀折损，能用上二十年已经相当不错。

原拱宸桥两岸交通只能依靠渡船的日子过了六十多年后，由浙江布政使段志熙倡率捐修、云林寺（即灵隐寺，康熙帝南巡时赐名"云林禅寺"）僧慧辂等募助，新桥重建工程于康熙五十三年（1714）二月始事，终于在康熙五十六年十二月（1718）竣工。这一回，桥体改成了无梁石拱桥。遗憾的是，这座石拱桥建成后不久，就在桥体上发现了多处裂缝，究竟是施工质量之故，还是流水或船只冲击所引起，一直没有一个确切的说法。但桥体逐渐歪斜，渐渐坍塌，却是一个不争的事实。

雍正四年（1726），浙江巡抚李卫发起募资，率领部下捐出俸禄，重修此桥。这是李卫的个人行为，其部下捐俸，也都是以个人名义，与官府并无关联。还有一些民众也自发地参与了这次募资活动。靠着这些捐资，李卫对整座拱宸桥进行了一次彻底的修葺，把桥加厚二尺，加宽二尺有余，旨在消除裂缝所带来的隐患，桥体也由此得以矫正。

兴奋之余，李卫写下了那篇颇为有名的《重建拱宸桥碑记》："拱宸桥者，肇自前明，建于关外，横跨大河。地形水势，关系会城，术家咸谓：杭乃离龙入首，而坎水直泻，不能成既济之功，借兹关锁以制祝融。……"

除了通航、津渡、锁镇等用途，拱宸桥的另一重要用途，是古代官民迎接帝王的地方，这一点，从它的桥名即可知悉。拱宸桥之名，寓意百姓拥戴德政。民间也相传，"拱"意为接驾拱卫，"宸"指帝王居处，引申为帝王，"拱宸"也就是迎接（拥戴）帝王。事实上，作为杭州的北大门，据说当年乾隆南巡确实都是从拱宸桥进入杭州的。

咸丰十年（1860），太平军攻入杭州，大概看中了拱宸桥雄踞于运河南端之上，扼水路之要隘，便将堡垒

京杭大运河南端的拱宸桥

直接筑在桥中央，又有数千名太平军兵丁轮流驻守。三年后的同治二年（1863）秋，左宗棠率兵攻打太平军，双方动用了枪炮武器，桥体因此遭到严重损坏。太平军战败了，拱宸桥也在不久后再次坍塌。

光绪十年（1884），由杭州富户、藏书家丁丙发起，再度进行了民间募资，丁丙本人慷慨解囊，出了不少钱。接着，又由他主持，对拱宸桥进行了重修，基本上是推倒重来。这一回重修而成的桥，即现存之拱宸桥。有关这座桥的形貌，当时的钱塘文人王麟书曾在重建竣工之际，撰有《重建拱宸桥记》，细述为"桥长二十一丈四尺，广一丈三尺，桥下三洞，中洞广四丈六尺，左右洞广二丈六尺"。

光绪二十三年（1897），按照中日《马关条约》等章程，拱宸桥地区沦为日本租界，拱宸桥桥头由日军设关，号为"洋关"。为方便汽车和人力车通行，在桥面中间铺筑了2.5米宽的混凝土斜面。桥两侧用长约3米、宽0.5米的素面石栏加以围护。

拱宸桥为三孔薄墩联拱驼峰桥，为中国江南地区三孔薄墩联拱桥的典范之作。要知道薄墩桥在欧洲直至18世纪方才出现，因此拱宸桥的桥型在世界桥梁史上具有重要地位。现存拱宸桥桥长98米，高约16米，桥面中段略窄，为5.9米，两端桥堍处宽12.2米，外形敦厚朴实，气势雄伟，为杭城古桥中最高、最大的石拱桥，也是大运河上浙江省境内三大古桥之一（另两座为余杭广济桥、嘉兴长虹桥）。

1908年以前，拱宸桥是杭州人经运河北上沪、苏、宁、津、京等地的必经之路，也是人们自北方进入杭州，再过钱塘江到浙南、浙西乃至闽、赣的要隘。清代王彦威、王亮所辑《清季外交史料》中有言："船由沪来，先经拱宸，过省城，乃达江干，深入内地。"当年，运河上南来北往的船只进出杭州，必定从拱宸桥下穿行而过。它是古运河起讫点的标志，也堪称杭州的地理标志。

拱宸桥成为日租界后，这里呈现出一派畸形的繁华，同时也给杭州人带来了种种闻所未闻的事物：杭州最早的日报——日商《杭报》，创刊地是在拱宸桥；杭州放映的第一部无声电影，放映场地是在桥东里马路街头；杭州的第一家戏院丹桂茶园和后来的荣华茶园，在二马路，名角谭鑫培、刘鸿声来把过场子；国内当时少见的邮便所、西药房等等，也在这里相继出现……

当然还有不少名人在此留下足迹。近代，鲁迅让弟弟前往南京求学，1901年农历七月二十九，周作人乘夜航船动身，次日下午在拱宸桥换乘小火轮。他在日记里写着："（七月）卅日，晴。晨至西兴，落俞天德行。上午过江，午至斗富三桥沈宏远行。下午至拱宸桥，下大东小火轮拖船。"

1915至1921年，曹聚仁就读于浙江省立第一师范学校（校址在杭州）时，有好几回跟着长辈在拱宸桥边的一家茶楼吃茶，还多次乘内河轮船抵达杭州时，在拱宸桥登岸，转车。

对于郁达夫来说，拱宸桥不仅是他多部文学作品中的本源地，更是他人生经历的重要主场。拱宸桥还是他第二任妻子王映霞外祖父的居住地。

清代文人丁丙所撰《北郭诗帐》中，有诗云："卅丈环桥首拱宸，追怀摸石动酸呻。叮咛去楫来桡客，慎守金缄效吉人。"此诗则把拱宸桥的风姿，以及它所蕴含的别样的风俗意味，都作了精当而文学的展示。

有关拱宸桥，值得细致地说一说的，还有桥墩下方，那四座防撞墩上四只活龙活现的蚣蝮石雕。在中国古代，蚣蝮被视为"避水兽"，造桥时常把蚣蝮石雕置于桥头或桥身，希冀能镇住河水，防止洪水侵袭，祈求四方平安。在故宫、天坛等中国古代重要的皇家建筑群里，也可以见到蚣蝮的身影。拱宸桥的防撞墩上同时置有四只蚣蝮石雕，足可见此桥的重要及规制之高。

蚣蝮，龙之九子之一。中国民间向来有"龙生九子，子子不同"之说，这里的"九"并非实词，而是虚说，只是说明龙之子有很多。明代内阁首辅、文人李东阳所撰《怀麓堂集》，较早地记录了"龙生九子"的传说，并一一列出龙之九子的具体名字和个性特点。清代史学家高士奇《天禄识余·龙种》篇中，也对龙之九子作了详细描述：

> 俗传龙子九种，各有所好。一曰赑屃，形似龟，好负重，今石碑下龟趺是也；二曰螭吻，形似兽，性好望，今屋上兽头是也；三曰蒲牢，形似龙而小，性好叫吼，今钟上纽是也；四曰狴犴，似虎，有威力，故立于狱门；五曰饕餮，好饮食，故立于鼎盖；六曰蚣蝮，性好水，故立于桥柱；七曰睚眦，性好杀，故立于刀环；八曰金猊，形似狮，性好烟火，故立于香炉；九曰椒图，形似螺蚌，性好闭，故立于门铺。

这段文字中，对蚣蝮的特点概括得十分清楚。

需要一提的是，在北京的后门桥上也有（六只）神态各异的蚣蝮石雕，桥东两只趴在岸沿上，伸头伏岸望水，寓通过桥孔望水势之意，桥西两只则紧贴岸墙，有保方水运平安之意。后门桥位于地安门外大街，桥跨什刹海入玉河处，始建于元代，初名万宁桥，因在地安门之北，地安门亦称后门，故称后门桥。后门桥为单孔石拱桥，地处北京城南北中轴线的北部，为元大都城内通惠河上的重要通水孔道。

由此说来，后门桥与拱宸桥，一北一南、起点与终点的两座桥梁上，均置有𧈢蝮这一镇水神兽石雕，这或许不是巧合，而是当年大运河开凿者和桥梁建造者的精心安排，其寓意不言自明。

在北京，还有着关于𧈢蝮的传说。说神兽出现之前，城里到处都是洪水，怪物到处出没，居民甚至不敢出门。某天，空中电闪雷鸣，忽有两道白光迸射，神兽从天而降。拥有治水伟力的神兽施展法术，所到之处，洪水退却，妖兽逃遁。为了确保京城平安，百姓祈求神兽留下，神兽遂了众人心愿，从此蹲守在后门桥，专司治水。这便是后门桥出现𧈢蝮的由来。杭州虽无关于𧈢蝮这方面传说的记载，但𧈢蝮石雕之设置，历代对𧈢蝮石雕之保护，显然寄寓着同样的期待。

二、卖鱼桥：五界庙前春戏散

南宋淳熙十三年（1186），陆游奉诏，来到京城临安，不久被任命为朝请大夫，权知严州（州治在今建德）事。

这一年陆游已经六十二岁了，但一颗强烈的报国心让他不顾年老之身，依旧奔波劳碌。尽管因陆游年事已高，在陛辞之日，宋孝宗以"严陵山水胜处，职事之暇，可以赋咏自适"劝告，但陆游岂肯懈怠？他非但在严州干得废寝忘食，还多次往来于临安与严州之间禀报候命。《临安春雨初霁》"世味年来薄似纱，谁令骑马客京华。

小楼一夜听春雨,深巷明朝卖杏花"等诗句,就是他昔时的写照。

忙于政务之余,陆游也会在临安访友畅谈,论及国事。一首题为《访客至北门抵暮乃归》的诗,说的便是他去城北运河边访友时,在余杭门(今武林门)外的归锦桥(卖鱼桥)[1]一带流连的情景。站在桥上,或看着河上向远方行驶的船只,或极目眺望远处的山峦,他那颗激越的心方能稍得平复,胸中憋久了的恶气方能吐出些许。

北郭那辞十里遥,上车且用慰无聊。
九衢浩浩市声合,四野酣酣雪意骄。
清镜新磨临绿浦,长虹横绝度朱桥。
归来熟睡明方起,卧听临墙趁早朝。

与友人聊了好久,晚间才告辞,返回时在这桥上伫立片刻。四周是繁华的街市,喧嚷的声音在此交汇,但放眼远处,刚下过的大雪尚未化尽,南方的雪景自有它的美。桥下的河面水平如镜,脚下的桥如一道彩虹,飞架于宽阔的运河上。如此细腻地描绘在桥上眺望的情景和心境,陆游与杭州古桥的缘分可谓深矣。

说南宋以来的归锦桥(卖鱼桥)展现的是一幅繁华的"运河上河图",一点也不为过。所以,这条如今几乎已湮没的小桥,仍然教人魂牵梦萦,因为它的文化流韵依然在此回荡,至今未散。

"卖鱼桥下水平矶,鹅炙新鲜嫩又肥。五界庙前春戏散,蜜橙百果买包归。"清代文人魏标《湖墅杂诗》其中一首,尽管只写了两样吃食,但这寥寥几句,已把当年卖鱼桥祥和、热闹的市井生活描绘得生动有趣。明田汝成《西湖游览志》载:"归锦桥,俗称卖鱼桥。"五

[1] 丁丙《北郭诗帐》:"旧志并无卖鱼桥之名,而归锦则已见宋志。"魏标《湖墅杂诗》:"俗以卖鱼桥为归锦,在通衢名著,遂欲攘而有之,可笑也。"

界庙位于卖鱼桥西,明洪武三年(1370)始建。诗中所提两样吃食均为杭州当地特色小吃,一为鲜嫩肥美的"鹅炙",二为甘甜香软的"蜜橙百果",据称在卖鱼桥头买到的这两种吃食,味道尤美。这首诗生动地描摹了卖鱼桥畔的繁华市景:运河春涨,淹没了河中所有突起的石头,五界庙前却有着如潮的人流,沉醉在春季独有的热闹和美景之中。愉悦的人们不但能欣赏到好看的社戏,还能吃到可口的美食,岂不快哉!

在被称作"十里银湖墅"的运河边,南宋及至明清,以卖鱼桥(归锦桥)为中心,出现了北郭市、江涨东市、江涨西市、半道红市等商贸集中区,到了晚上,则"樯帆卸泊,百货登市","篝火烛照,如同白日"。而近水而筑、贴水而建的,不少正是茶馆酒楼,起着交往、休息、娱乐、餐饮等作用,它们还是各路信息的发布交流中心,成为社会生活的一部分。有的茶馆酒楼甚至还贴着桥梁而建,甚至建在了桥上。

当然,在桥畔饮酒喝茶,不过是各种活动的媒介,有的是试图在此寻到交易对象,有的是在打听集市货价,有的则通过饮者茶客的片言只语捕捉商机。"茶棚酒肆纷纷话,纷纷尽是买与卖",便是这一情景的生动表达。在这里,一座蹲踞于河上的桥梁,显然已成为一个不可或缺的角色。

关于归锦桥地名的来历,文献上多有记载。清魏标《湖墅杂诗》中有"卿寺赋闲贫僦屋,夏公清节畏人知。桥名归锦荣乡里,庸妄无端枉黜祠"之句。清高鹏年《湖墅小志》又有载:"前明夏季爵廷尉时正,登三元商辂榜,成化间官大理寺卿,致政归里,藩司宁良等于湖上孤山建书院以居之。湖墅之归锦桥及夏罢弄、罢归弄皆以廷尉而得名也。生平风骨高骞,不随流俗,大司马徐忠襄

卖鱼桥附近的群雕

公赠以诗云：'身如五柳先生懒，心比孤山处士清。'"无论怎么说，一位明代的清正官员致仕后在此落户，以一身荣光归还民间，也许是这一地名的大致由来。①

然而，对于普通市民来说，史志上归锦桥的说法似乎雅了点，远了点。卖鱼桥就是卖鱼的桥，是杭州城北渔民集中卖鱼之地的桥。有关它的名字由来，还有一则十分朴实又不乏神奇的民间传说：

据说从前有个小伙子，天天坐在桥上设摊卖鱼。他的鱼除了向渔民收购，还向鱼行老板要货。鱼行老板发现他是个老实人，便经常夹带一些呆鱼、死鱼贩卖给他。

某天，桥头来了个烂脚老人，坐在桥栏杆上一直喊疼。这时，在旁的其他人都没去理睬他，小伙子却主动上前，问他怎么回事，安慰他，劝他去看医生，把这烂脚医好。见他还饿着肚子，小伙子就把自己身上的几个角钱给了他，还送了他好几条活鱼。

① 丁丙《北郭诗帐》："夏大理时正归田，在明正统、成化间，时桥名由来已久，安得以所居在桥右，遽以归锦属之哉！""归锦桥"可见之于《咸淳临安志》《梦粱录》等宋代文献中。

老人十分感动，向小伙子连连道谢。老人起身准备离去时，忽地揭下一片贴在烂脚上的树叶，扔进小伙子那只专门放死鱼的鱼桶里，又顺手一搅，死鱼居然全都活了过来，在桶里欢快地蹦跳起来，把在旁的人看得目瞪口呆。

因为死鱼全都变成了活鱼，这些鱼很快就被人买走了。而当小伙子忙着再去找那位烂脚老人，却发现那老人已全无踪影。后来小伙子才知道，那人其实是八仙之一的铁拐李。

从那时起，只要这小伙子把那片树叶放进鱼桶，再顺手一搅，满桶的死鱼、臭鱼都会马上变得鲜活。他再也不用担心鱼行老板把坏鱼卖给他了。死鱼能变成活鱼的消息一传开，整个杭州城的人都跑到这里来买鱼了，卖鱼桥的声名由此被叫开，一直叫到了现在。

自从隋唐年间运河南端成形之后，以卖鱼桥（归锦桥）、珠儿潭、米市巷等为主要街市桥埠的湖墅地区已经是杭州货物的重要集散地，大街小巷店铺林立，以舟当车，以船代步，以埠为库，以岸为市，成为这一带特有的市景。珠儿潭、米市巷向来为杭嘉湖地区大米集散地，信义坊、大兜路又是商贸区。所以，杭州运河畔的这幅"运河上河图"，不仅拥有自己的市井特色，其繁华程度也不逊于汴京那幅《清明上河图》中呈现的景象。

当年的江河湖海自然是不缺鱼的，杭州作为江南都市，此处又在运河进入城区前的最后岸口，交通便捷，人气旺盛，成为鱼市是理所当然的事。宋元直到民国时期，这里的鱼市之盛在杭州是排得上号的，绝不输于同为主要鱼市的艮山门、南星桥。不过，卖鱼桥并非只卖各种淡水鱼和海产品，也售卖杭州人喜食之江南大蟹。每临蟹肥时节，盛产于淮河、长江的河蟹及至苏南一带的湖蟹，都乘着满舱的大船来到这里，靠近鱼市码头的一条弄堂因此也被唤作"蟹舟弄"。

据载，民国年间，因鱼市之需，卖鱼桥北运河边又建起轮船码头，既停泊鱼蟹船，也是客运码头（直至20世纪80年代，客运码头才移至武林门），大兜路上也有大小鱼行二十多家。老一辈的人还记得，当年，从事贩鱼生意的商家从四面八方驾船而来，晚上运河卖鱼桥一段便停满了鱼蟹船，宽阔的河道经常被挤得只留出一条狭窄的水道。夜半时分，静静停泊的无数船只纷纷亮起灯盏，映在水面上，远远望去，宛如银河落九天，繁华中渗透着浪漫。而到了次日凌晨三点多，卖鱼桥就热闹起来了，贩鱼的、买鱼的搅在一起，一派人潮涌动、人声鼎沸的景象。这景象一直延续至公路运输渐兴，水路功能逐渐萎缩之时，卖鱼桥一带方才冷寂下来。

很多人以为横跨京杭运河的那座江涨桥即为卖鱼桥，

卖鱼桥

非也。卖鱼桥所横跨的并非运河，而是运河支流余杭塘河。余杭塘河老河道始自南苕溪余杭闸，一路向东，经城西低洼地即今西溪，再经过庆隆桥、观音桥、卖鱼桥等向东流入运河，因此横跨其上的卖鱼桥为南北向，与东西向的江涨桥明显有异。

卖鱼桥始建于何年？已无文字可考。此桥当年究竟有着怎样的风貌，也已无从查寻。1927年，卖鱼桥由石阶拱桥改建为混凝土平板桥，那已是可通行汽车的桥梁了。到了20世纪90年代又拆除重建，只留一边的桥栏。或许，正是因为桥与路平，余杭塘河老河道又显狭小，人们对脚下这座特征已不显明的桥梁渐趋忽略。有人可能会对此产生遗憾，然而，当卖鱼桥已经不再是单一的桥名，而成为杭城具有较高知名度的区域名称时，它已被赋予了全新的意义——如同现在，有谁来到卖鱼桥，还会惦记这里卖不卖鱼？他早已被运河核心商圈的繁华所迷醉了。

三、江涨桥：何处渔舟暝未还

"江桥暮雨"为明清"湖墅八景"之一。江桥，即江涨桥，位于卖鱼桥东北，现为信义坊与大兜路两处街区相连的桥梁，桥东不远处即为香积寺，桥东南侧则为始建于清光绪六年（1880）的富义仓遗址。相传远古时，大海涨潮时，海水可沿河道直涨至此地，故名。据《梦粱录》载，宋时在桥西设有江涨税务司[①]。

江涨桥始建于北宋；元末开河，构木而渡；明宣德年间（1426—1435）重建，弃木环石；明嘉靖（1522—1566）、万历年间（1573—1620）复建。旧时江涨桥为三孔拱桥，如同驼峰矗立在河面上。桥面铺设台阶，桥长58米，宽4米左右，中孔净跨14米，两边孔各跨9米。

[①] 务，宋代官设的贸易机关和场所。

民国时为便利人车过桥，桥面浇铺混凝土，两边改台阶为陡坡。如今的江涨桥是在20世纪90年代在原址以北重建的。

清时，江涨桥畔有一座甘露茶亭，据说与乾隆皇帝下江南也有关联。作为民间传说，不论是有是无，姑妄听之。

茶亭庙是江涨桥边的一座小庙，旁侧有一座甘露茶亭。当年，乾隆皇帝南巡时，下船步行，路过这里，天大热，一行人口渴难耐，不得不向路边的一个老大娘讨水。老大娘一贫如洗，拿不出一杯像样的茶，只得从水缸里舀些凉水，给皇上一行喝。不过，奇怪的是，老大娘竟往每只盛水的碗里撒了一把砻糠。

乾隆皇帝见状，十分奇怪，这肯定是故意的，究竟是好心还是使坏？手下人便围着老大娘，要她说出撒砻糠的原因。

老大娘拗不过，便说出了实话，原来她递上的是极凉的凉水，口渴的他们若一口气猛喝，就可能会得病，而在碗里撒了砻糠，他们便不得不一边吹开砻糠，一边一小口一小口地喝，这样就不会得病了。

乾隆皇帝听毕，大为感动，当即下旨，要褒奖这位老大娘。不久后，杭城地方官员在此建起了一座甘露茶亭，每年盛夏都安排人员，为过路行人免费提供茶水，使老大娘的这一善举一直保留下来。

这则民间传说的确让人暖心，可内中也有若干破绽。譬如皇上出行，又非战乱年代，哪有连解渴的水都未带之理？皇上下了船，地方官员必然竭尽照料之能事，况且清时，江涨桥一带已十分繁华，酒肆茶楼遍布，难道还用得着向老大娘索要凉水？不过，这则传说中所强调的杭州人善良和智慧的品质，无疑受人称道，是真是假也就不去苛求了。

江涨桥之南的河道颇显开阔，是因为有一条上塘河支流（今称胜利河）注入，支流靠近运河处，原有华光桥一座，今已不存。据《湖墅小志》载："江涨桥与华光桥作八字式，河面极为开阔。"清代文人丁丙在《北郭诗帐》中有诗句云："华光桥上天如水，华老登临看月华。"在夹城巷可看月，在江涨桥也可看月，只是在江涨桥，更让文人墨客沉迷的是它细雨绵绵的黄昏，那番鱼市散空、船栖岸畔的景致。

明代文人王洪有《卜算子·江桥暮雨》词："淅沥带秋烟，两岸蒹葭响。何处渔舟暝未还，隔浦闻清唱。　撩乱下枯槎，一夜苕溪涨。天目应添翠几重，回首看晴嶂。"此词把江桥、秋雨、芦苇、渔舟、歌声、涨水等几个意象掺杂融会在一起，尤其把秋雨和芦苇诗化了，蕴含着一丝空灵和悠远。北宋许彦国寄宿江涨桥边的某座寺院里，夜不能寐，也作有《晚宿江涨桥》诗

江涨桥旧影

一首:"鸟径青山外,人家苦竹边。江城悬夜锁,鱼市散空船。岸静涵秋月,林昏宿水烟。又寻僧榻卧,夜冷欲无眠。"同样不乏惆怅。

江涨桥东南侧的富义仓,是杭州仅存的古代粮仓遗址。沿着白墙而行,跨过极不显眼的石门,入得其内,就会发现仓区院内竟十分宽敞,因它借助了江涨桥南那处运河支流绕弯留下来的河湾空地,具有相当的纵深感。

寻访史料可知,宋时,此为渔船停泊之地"渔家台"之所在。清康熙末年至光绪初年,朝廷在运河沿线的宝善桥、霞湾巷一带先后兴建了"永济仓""盐义仓""富义仓"等多座大型仓库。据民国《杭州府志》记载,富义仓于光绪六年(1880)底动工,耗时约七个月,由时任浙江巡抚谭钟麟耗费一万一千两白银建成。当年杭州百业凋敝,民生多艰,谭钟麟甫一上任即着手整顿吏治,同时关怀民生,请绅士们出钱采购粮食十万石,再拨出巨资由官方购买霞湾巷一带的民地兴建粮仓,即为富义仓。

事实上,富义仓一方面满足了储粮济贫之需,同时也是朝廷设在江南的重要储备粮仓库,因储存量大,故有"天下粮仓"之谓,可与北京的古粮仓"南新仓"齐名。据应宝明《新建富义仓》载,富义仓初建时"凡地十亩,为仓四,为廒八十,容谷可四五万石",里面还有砻场(去稻壳场地)、碓房(舂米的作坊)、司事者居室等。仓内主要储存稻谷,因为稻谷有壳,能抵御虫、霉、湿、热侵害。可以说,它是现存的清代官府在运河边最重要的官仓遗址,也是中国古代仓储文化的缩影和漕运文化的见证。

四、衣锦桥：模糊远水多含烟

物埠堤南北东西开捷律；
迷津顿晦明风雨得安驱。

上应天环我衣固锦太守；
闻来鹳语盛时还是溯唐。

横跨于上塘河半山段的衣锦桥南北侧明柱上，刻有这两副对联，既道出了此桥的方位、来历、功用，又颂扬了建造此桥的主事者和历代护桥者，可谓言简意赅。

衣锦桥，杭州市首批市级文物保护点之一。据清乾隆《杭州府志》卷六载：衣锦桥，"俗呼半山桥"。又据清《衣锦桥重建记》碑记载，此桥始建于唐乾符二年（875），毁于宋南渡之末，复建于元世祖时期（1271—1294），明天启三年（1623）予以修葺，清乾隆四十三年（1778）重建，即为如今之桥体。

衣锦桥为多级台阶半圆形单孔石拱桥，通长29.5米，宽4.48米。桥面平台雕有葵花式图案，拱券采用纵联分节并列砌置法，拱顶饰有一组龙纹石雕。桥墩由25层条石错缝叠砌，拱壁石每块长2.25米，其中一块长2.1米的石面上刻有"信士梅□昌助银两五□"等字样，应是当年某位乐施之人捐款建桥的记载。

不过在半山农村，当地年长的老人对衣锦桥的来历，有着另外的说法，说是唐朝年间，在半山一带，有一名年轻人苦读求第，后来真的当上了高官，在他衣锦还乡时，捐建了这座石桥，取名衣锦桥。

衣锦桥两边特意设置了那么多级石阶，显然寓有踏着这座桥过河，能步步高升之意，这合乎那位高官建造此桥的意愿。不过，那位高官究竟姓甚名谁，与"信士梅□昌助银两五□"这行刻字有何关联，一切已成了难解之谜。

衣锦桥还与香火繁盛的半山娘娘庙有关。衣锦桥当年是人们前往半山娘娘庙的必经之路，当时桥上还建有一处山门。春天到了，杭州城里乃至杭嘉湖一带的蚕户桑农都有到半山娘娘庙进香祈福的习俗。通常人们乘船过来，在衣锦桥边停泊，然后上岸去庙里进香，桑苗往往也在衣锦桥一带交易，由此形成一处热闹的集市。当然，除了桑苗，各种小商品的买卖也很活跃。半山当地制作的手工艺品泥塑彩猫，养蚕户用来吓老鼠，保佑蚕室平安，在衣锦桥边自然也卖得颇为红火。

不过，衣锦桥边让人热血沸腾的传说，与民族英雄文天祥有关。

史载，南宋咸淳十年（1274），元丞相伯颜统率二十万铁骑南下，准备一举灭亡南宋。元军的进攻路线是强渡长江后，顺大运河南下，过苏州、嘉兴，经海宁后直逼临安。南宋的军队屯守于元军必经之道——皋亭山（即半山），两军即呈对峙之势。

由于元军实力强大，南宋朝廷已岌岌可危，太皇太后急忙派出丞相文天祥，前往皋亭山与元军谈判。可以想象，当年的文天祥同样是在衣锦桥下了船，或急急地骑马经过衣锦桥，去完成那个不可能完成的任务的。

文天祥没能阻挡住来势正猛的元军，但毕竟在最紧张的时间，为南宋王朝争取到了一点喘息的时间。由于不愿向北朝将军屈膝下拜，恼怒的伯颜遂把文天祥扣押，

衣锦桥与文天祥塑像

尔后文天祥在多人的帮助下从元军帐中逃脱。没错，当文天祥重又从衣锦桥上奔过，返回临安城时，他的内心是多么的沉重、焦灼而又不乏英雄豪情。

值得一说的是，衣锦桥下的河底并不普通，其中沉有大量的青石板。这是因为昔时为了拉纤所需，曾在桥边的河道两侧铺设青石板纤道。上塘河东通临平、海宁、崇德等地，西接城区，当为水上交通主干线，但因衣锦桥下这段河道相对较窄，需纤夫牵引着向前，船只方能通过，这些青石板便是给纤夫踩的。后来随着上塘河水位上升，纤道就渐渐隐于水下。不过，以前的纤道要更长，至少还要向桥外各延伸 25 米，可惜后来村民们建房时陆续把这些纤道青石板和铺在桥面的石板都撬走了。

其实，不仅是衣锦桥下，整条上塘河的纤道在历史上颇为重要，秦代即已开始修筑。《越绝书》卷二《越绝外传记吴地传》记载，秦始皇"到由拳（今嘉兴市南湖区南部）……治陵水道到钱唐、越地，通浙江"。此"陵水道"之水道即包括上塘河在内的江南运河，陵道即傍江南运河的陆道（即塘路或曰纤道）。

幸运的是，如今衣锦桥北侧仍留有大小共6块青石板，桥墩两侧的两块最长，有3米左右；中间有三块1.6米左右；最后一块较小，约0.5米。古纤道与现有河道堤岸的高度相差1米多，每块青石板足有千斤重。经历了长达千年的河水冲刷，古纤道青石板依旧如初。青石板上未刻花纹和文字，但衣锦桥两侧的桥墩上依然留有深浅不一的纤绳印，这正是这些青石板身份的又一证明。

上塘河过了皋亭坝后，再往前就可以看见那座欢喜永宁桥了。

欢喜永宁桥，原名李王桥（里王桥）、永宁桥。据清乾隆《杭州府志》卷六载：永宁桥，在"隽堰东北七里，旧为渡，曰李王渡。国朝乾隆三十五年（1770）创建，石梁，跨大河南北"。欢喜永宁桥的名称是近年重修后改的，有讨吉祥之意。现桥长47米，宽6.5米，高7.5米，桥的中间还嵌有一块圆形石板，图案为仰莲形状。桥东西各45级台阶，桥梁上有石狮8只。

隋代至元代，上塘河作为江南运河主航道，是大运河的重要组成部分，此桥的建造大大便利了上塘河两岸通行，对当地的发展具有极其重要的作用。自沈塘湾后，直至半山西侧，此段上塘河呈西南—东北方向流淌。清乾隆以来，永宁桥是这段河流上沟通两岸的唯一桥梁，可见当年此桥之重要。

据说乾隆六下江南，其中四次前往海宁视察海塘工程。无论是从杭州到海宁，还是经海宁到杭州，都得路过上塘河。或许是因为这里是皇帝南巡的必经之路，因此当时的杭州府投入巨资修建了这座精美的桥梁。据传，乾隆下江南的前两次，这座桥还没有建造，后面他再来的时候，桥梁已建成。对此，乾隆是极赞赏的。

民间传说，乾隆皇帝曾乔装成"四爷"，与才貌双全的盐帮女帮主程淮秀在这里相逢，并演绎出一段"程淮秀喜欢四爷不喜欢乾隆"的传奇故事。这自然是后世虚构的，可这座桥梁建成后，此处渐显热闹，并有盐商、盐帮在此居留活动，倒是真的。

此桥的正式桥名为"永宁桥"，而民间多称它为"欢喜永宁桥"，这又是何故？据悉，桥畔曾经有座亭子，常是亲友作别的地方。古人相别，归期难料，人们总是期许再见之时能欢天喜地、万世安宁，即"此别之后，

欢喜永宁桥

再见之时，欢喜永宁"，遂在正式桥名前加上"欢喜"两字，以求平安吉利。

有关永宁桥，桥上的四副对联也是值得一说的。这四副对联分别出现在桥北、桥北靠近拱顶处和桥南、桥南靠近拱顶处，内容分别是：

堤接永和万室之盈宁克奏；
梁通衣锦一州之文物长新。

何须先杖垂虹过客千秋占履坦；
还胜迷津驾筏芳规万古泳周行。

护十里之皋亭同其巩固；
张为舟之风雪示我荡平。

北抵盐官庆安澜于海甸；
南环省会瞻竞秀于湖山。

这些对联把永宁桥的地理位置、建造初衷、特点、作用、周边景色等写得十分清楚，其工整、对仗，语言优美、生动，堪为精品，只是已无法得悉究竟出自谁手。

与衣锦桥一样，永宁桥下两侧也有古纤道，约1米宽，今已沉入河底。与衣锦桥不同的是，这里的青石板纤道并非铺设在河岸上，而且架设在河道两侧，青石板下方由松木桩支撑，后因时间久远，松木桩腐烂，石板沉入河底，至今仍在水中"沉睡"。

五、德胜桥：功成得成纪韩王

德胜桥，原名堰桥，古时又称得胜桥，位于大运河南端，今夹城巷与长板巷之间。事实上，称其为"得胜桥"，似更符合此桥畔曾经发生的故事。民国《杭州府志》卷七载："觅渡桥直北，夹城巷东，旧名堰桥。韩世忠于此掩击苗、刘，故名'得胜'。"说明了此桥的方位，即在觅渡桥北、夹城巷东，也点明了桥名的来历。

南宋初，王渊等权臣和康履、蓝珪等宦官聚敛钱财，搜刮民脂民膏，致使民怨颇重。宋高宗赵构逃到杭州设立行在不久，王渊等权臣宦官骄奢作乱，互相勾结，讨得赵构欢心后节节高升，引起许多人的强烈不满。

建炎三年（1129）二月，金兵再度南侵时，王渊竟还把战船拿来运送自己的财宝，致使数万宋兵及战马失陷敌营。听到这一消息的军民十分愤怒，纷纷相传船上的财宝都是王渊滥杀人民，搜刮而来的。在作战行军过程中，康履等宦官也不放过敛财的机会，强占民宅，作威作福。

扈从统制苗傅个性自负，加之觉得自己家族功劳很大，不满王渊的扶摇直上。威州刺史刘正彦此时也率兵抵达江南，刘正彦虽然是王渊提拔的，但也不满王渊任意征召其麾下的士兵，加上苗傅和刘正彦一向厌恶王渊和宦官们的飞扬跋扈，两人便与手下幕僚商议，决定起兵，杀死权臣宦官，并挟持赵构。

三月五日，为宋神宗赵顼忌日，百官行香祭祀。事后，百官入朝。苗傅、刘正彦在官员退朝的必经之路上埋伏好兵士。不久，王渊退朝，兵士们将其拖下马，宣称他交结宦官谋反，刘正彦亲手将其杀死，接着又率兵包围了康履的住处，大肆捕杀权宦，并率兵包围皇宫。

赵构不得不登上城楼，凭栏问苗傅率兵造反的原因。

苗傅指责赵构过分信任宦官，朝中官员凡能结交宦官者都能获得高位，有人昏庸误国却尚未流放，王渊遇敌时不能有效抵抗，却因结交康履而得到签书枢密院事之高位，而自己立功不少，竟只能在偏远的地方任职。苗傅告诉赵构，他和刘正彦的兵士已经杀死了王渊及一些宦官。他还要求赵构惩治他们认为有罪错的官员，否则就不会罢休。

接下来，苗傅、刘正彦还逼迫高宗禅位于三岁幼子赵旉，请隆祐太后垂帘听政，改年号建炎为明受。这是南宋史上的第一起兵变，史称"苗刘兵变"或"明受之变"。

危急之下，文臣吕颐浩、张浚及武将刘光世、韩世忠、张俊等人纷纷起兵讨伐，以解救赵构。

此时，名将韩世忠手下兵卒并不多，他设法在今江苏盐城一带征集散兵游勇，组织起一支队伍，通过海路来到常熟，并约见张浚等人，一起进兵到达秀州（今嘉兴）。在秀州，韩世忠诈称在此驻扎休兵，不再前进，其实已在紧张地扩充兵力，准备进攻临安。

苗傅、刘正彦当然也不是吃素的。他们知道韩世忠带兵作战的实力，知道与其打硬仗肯定不是对手，便使出计谋，俘虏了韩世忠的妻子梁红玉作为人质。眼见梁红玉身陷囹圄，众人颇为着急。此时，宰相朱胜非主动出来，假意屈从，与苗、刘两人周旋，故意对他们说，此番情状下，与其逼着韩世忠进攻临安，不如让使者跟着，派遣梁红玉去劝降韩世忠。

经过一番盘算，苗、刘觉得朱胜非的这一劝降提议确属上策，便让使者跟随梁红玉前往秀州去见韩世忠。没想到韩世忠一点面子也没给苗、刘，不仅烧了所谓的劝降"诏书",还杀了使者,下令进攻临安。

此时的梁红玉回到了丈夫身边,韩世忠也便没了这份顾虑,进攻临安的决心更大。

就在临安城北,京杭运河的堰坝附近,韩世忠的部队与前来应战的苗、刘所率兵士相遇,双方展开厮杀。可想而知,苗、刘之兵根本不是韩世忠所率兵勇的对手,几个回合下来,苗、刘所率之兵就在临安北关(今湖墅南路米市巷、长板巷一带)堰坝附近被击溃。苗、刘二人不得不带着两千精兵逃离临安。

韩世忠的部队是在堰坝附近击溃叛军而取得大胜的,这座堰坝遂被人们称为"得胜坝"。南宋初年,堰坝旁又建造了一座跨越运河的桥,原称作"堰桥",后顺理成章地被唤作"得胜桥"。因"德""得"互为通假,故"得胜"又作"德胜"。

老德胜桥

韩世忠率部平息叛乱，救出高宗后，又清除了高宗身边的叛军余党。"苗刘之变"确实有其现实原因，权臣宦官实在猖獗。

不久，因为军功显赫，韩世忠被任命为武胜军节度使、御营左军都统制。接着，韩世忠又亲自带兵，追捕出逃的苗、刘等叛军首领，相继抓获刘正彦、苗傅之弟苗翊，苗傅也在逃亡途中被擒，高宗遂复帝位。至此，苗、刘之乱得以彻底平息，高宗亲自写下"忠勇"二字赐给韩世忠，并给予升官加爵。韩世忠在南宋将领中的地位由此也愈加稳固。

据说因功受封的韩世忠后来在湖墅地区有两处赐宅，此事可参见清代文人魏标《湖墅杂诗》之一首："功成得胜纪韩王，赐第年深改佛场。小溜水桥寻旧迹，棋盘山下筑梅庄。"而另一位清代文人丁丙在《北郭诗帐》中也有云："堰桥讨腊助王渊，更击苗刘握将权。人遂呼桥为得胜，神碑郡志各流传。"说的是当时在德胜桥边，还竖有彰示韩世忠功绩的碑石。

德胜桥原为单孔石拱桥，两侧铺有石阶。桥拱顶端筑有一座四角飞檐小亭，呈朱红色，能为路人提供遮风挡雨之便。亭下的两侧还设置有木凳，供来往的人们在此休息。清康熙五年（1666），浙江总督赵廷臣、巡抚蒋国柱等捐资重修德胜桥。光绪十一年（1885），又对此桥进行修缮。中华人民共和国成立后，德胜桥上年久失修的四角亭子被拆除。1952年，德胜桥改建。

六、北新桥：市镇同夸节物饶

丁丙《北郭诗帐》中另有类似顺口溜的一首诗，描述运河南端的重要桥梁和市镇：

宝庆桥连德胜桥，石灰江涨北新遥。
夹城巷口尤繁盛，市镇同夸节物饶。

这首诗中提到的"北新遥"，即指拱宸桥以南、江涨桥以北的北新桥。旧时的北新桥一带也是运河边一个重要的码头，市镇十分热闹，明时在此设立北新关，这里又成为杭州城北水运商船的税关所在地，位置更为显要。

明正统七年（1442），巡抚周忱在杭州到桐乡石门之间，主持铺设了塘路一万三千余丈，沿途还架设了七十二座桥梁，杭州的漕运业更显发达。万历年间（1573—1620），又修筑了水澄桥、海月桥。崇祯年间（1628—1644），除了修筑拱宸桥，又把横跨京杭大运河的原中兴永安桥（又称北新桥）改建为"下为闸、上为桥、下为水门"的新型桥梁，此地原先就设有北新关，这回的改建更加突出了它的重要性。因为这税关规模更大了，百姓称之为"大关"，北新桥亦被唤作"大关桥"。

把桥梁与闸坝、河埠、码头、税关等结合起来，是杭州古桥的另一个特色。这样的建桥方式，不仅在明代被采用，在清代同样被采用。京杭大运河南端江涨桥附近，即是清朝乾隆皇帝下江南时，上岸换乘车马进城的地方。乾隆帝六下江南，每次南巡的船只往往有一千多艘。这支船队中的相当一部分要在江涨桥一带靠岸，这一方面必须让江涨桥的桥孔符合龙船进出的需要，另一方面桥旁也得建造相应的河埠码头设施。据载，当年，从江涨桥、卖鱼桥、宝庆桥直至德胜桥，与桥相依，河畔都建起了规模颇巨的河埠码头。

据载，北新桥原名中兴永安桥，始建于北宋建中靖国元年（1101）。南宋绍兴、嘉定年间，此桥曾有两次重建。明宣德四年（1429），朝廷即在这座桥下设置水门，来往商船须缴纳税费，方能通过，是为"钞关"，是明代榷关中最主要的一种。榷关，是中国古代由国家专设专营的关卡，即税务大关。明时，朝廷下令在交通枢纽处对过往商品予以征税，榷关从此发展成钞关，钞关的设立与当时流通宝钞密切相关，是中国封建社会榷关制度成熟的体现。

据载，明时全国有八大钞关，七个设在运河沿线，其一便是北新钞关。北新关，即为北新钞关的简称。清时，北新关下设分口十五处、稽查口二十处，在全国钞关中居第五位，俗称大关。由此，亦可知京杭大运河商运之繁荣，北新关地位之重要。

明清时，大钞关为何选择设在北新桥下，细究起来，主要原因有三：一是杭州为京杭大运河的起讫点，北新桥即位于最南端；二是自唐以后，杭州已为东南一大都会，物产丰饶，商贾活跃，税源巨大；三是元末张士

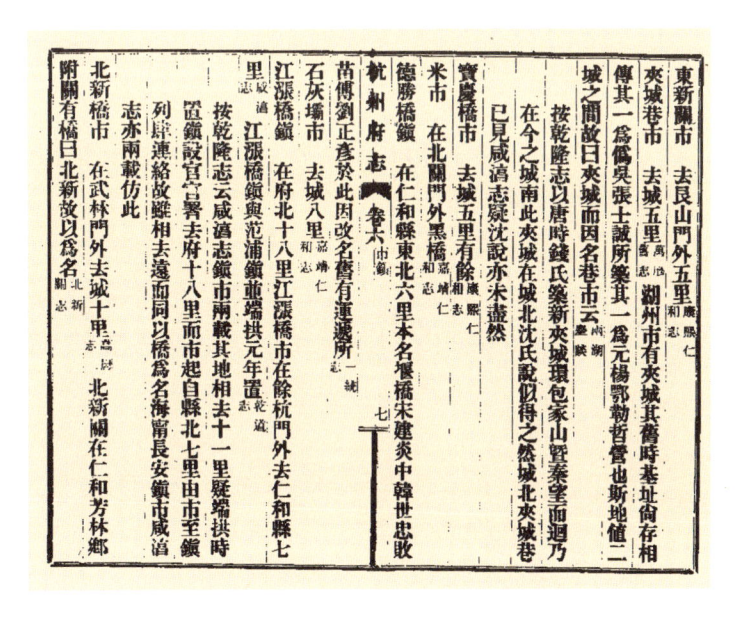

民国《杭州府志》卷六《市镇》载"米市、江涨桥镇、北新桥市"

诚开浚城北河道，京杭大运河、西塘河、余杭塘河诸水都在北新桥南汇聚。因此，这里是设立水路关隘的不二之选。

古时的北新桥仍为单孔石拱桥，桥东有钞关街（亦称河塍路），桥西有河西街。因北新钞关设于运河东岸，钞关街明显要比河西街热闹，因为它是当时商贾往来报关的必经之路。不过，出没在钞关街上的，不仅有往来商贾，还有住在这里的居民。南宋以来，自武林门往北一直延伸到后来拱宸桥的街区已经形成，钞关街只是其中一段罢了。

人流的密集、经年累月的使用，使得钞关街路面破损，街区拥杂，河岸驳塝倾圮，亟待修缮。明万历四十六年（1618），荆之琦担任北新关主事。在他的主持下，钞关街历经六个半月的整修，焕然一新。修缮后的钞关街以钞关官署为中心，南北两边各长三里余，宽阔平坦，周边百姓交口称赞，并把钞关街改称为"荆街""荆公街"。如今，在北新桥东侧、原钞关街附近，建有一处紫荆公园，想必这座公园的命名与"荆街""荆公街"也有所关联。

位于原址的北新桥（即原大关桥）现已不存，今大关桥位于原北新桥以南300米，尽管后者的桥名采用了"大关"二字，但它并非同一地址的重建。

民间传说中，运河上与乾隆皇帝有关的桥梁还有不少，接下来说的宝庆桥和东新桥便是其中两座。

宝庆桥位于左家桥之东，米市巷之西，横跨运河支流古新河，始建于明洪武初年。昔时的古新河在注入运河时港汊狭小，容易干涸，俗称它为"狗头颈"，意谓狭窄。明时，民间有"狗头颈通湖墅，登科者众"的说法，乃为吉言。

宝庆桥在杭城出名，并非因为桥大梁高，而是有医者在桥畔悬壶济世。

传说明时，有名医莫尚古在此设下医馆。有一次，一名患腹炬之症者久治不愈，辗转寻到这里，莫氏以"通因通用"之法，改用苁蓉、麻仁等润滑之品，命其服下，三剂即愈。从此，时常有人来到这宝庆桥边寻医，也有人请求莫尚古传授医术。莫氏于是设帐收徒，培养了一批优秀的行医者。

清乾隆二十二年（1757），乾隆皇帝下江南时，曾在宝庆桥下系舟驻跸。有否在此寻医？不得而知，但皇帝留下的那句御诗至今仍有人记起："塘栖朝启跸，宝庆午维舟。"这记载了当年皇帝某天的行程，也说明了昔时的宝庆桥确是一处重要的交通节点。

东新桥位于上塘河支流东新河上，又名古松老桥，始建于唐贞观年间（627—649）。《咸淳临安志》卷二十一载："东新桥，五里塘大路口。"清光绪二十五年（1899）此桥重修。

东新桥的桥柱上有对联一副："地接新关，利普工农商贾；石侍古老，源通南北东西。"另有关于此桥重修的落款："乐助乃江南武进二三善长，重修于大清光绪廿五年春。"显然均为重修时所留。

有关东新桥的传说，最出名的，是梁山好汉鲁智深曾经路过此桥，把铁禅杖横在桥两边护栏上，躺在铁禅杖上打盹，醒来后再去潮王庙进香。

相传乾隆皇帝下江南时，也曾多次坐着大轿经过东新桥，在桥上稍事休息，去潮王庙烧香。看来，去潮王庙进香，东新桥是必经之路。

潮王庙在上塘河之东，今德胜快速路以南，古时此处为五里塘。钱塘人石瑰是唐朝时一名治理钱江潮患的潮工，在修筑堤坝时不幸被涌潮卷走，当地百姓念其功德，自发立庙祭祀，唐懿宗封其为潮王。在古代杭州城北，在潮王庙祭祀曾是一件特别重要的事，怪不得无论是皇帝、高官还是平民百姓，都会携带祭祀品跨过东新桥虔诚前往。

南宋文人朱南杰有诗《东新桥值雪》，描写东新桥雪景颇为生动，从中可见东新桥畔昔时的野趣：

间关入帝乡，飞雪断羁肠。
天地皆明白，山川忽老苍。
柳眉遮旧影，梅额上新妆。
客里急先务，桥边问短航。

1991年起，浙江省人民政府与我国台湾实业家张子良先生洽谈捐资，浙江工学院扩建为浙江工业大学，校园迅速扩大，东新桥被纳入其中。保留至20世纪90年代初的野趣消失了，后来这座桥又作为上塘河畔小区的一部分，成为师生们读书休息的好地方。

第三章 中河上的桥

春楼不闭葳蕤锁，
绿水回连宛转桥

中河，昔时被唤作"沙河""大河""上河"等，今庆春路附近一段被称为"盐桥河"，而凤山水门以南一段又叫"龙山河"，唐时即已贯通杭州南北，宋时成为城边繁盛之所，元末被包入城内。在这条杭州城内当年相当重要的水路交通线上，历代建有不少便于两岸往来的桥梁，有的桥梁还是南宋等时期官员上朝、活动的必经之地。不过，尽管身处喧嚷繁华地，座座桥梁依然有着其浪漫品性，依然是婉约景色的一部分。唐李益（一说韩翃）有《江南曲》诗云："长乐花枝雨点销，江城日暮好相邀。春楼不闭葳蕤锁，绿水回连宛转桥。"傍晚时分，宛转桥下，绿水涟漪，曲回相通。桥畔那满是春意的楼舍，不闭葳蕤锁，而将开门待人。这一如诗如画的场景，显然是拱桥、河流、楼舍与春色相融美景之极致。

一、盐桥：吴船渐起晚潮生

盐桥，横跨中河（此段中河旧名"盐桥河"等），顾名思义，与盐业、盐权有关，但它最初的桥名为惠济桥。南宋《咸淳临安志》卷七十三有云："广福庙，在盐桥，神姓蒋，世为杭人，生建炎间。乐赈施……里人相与祠其像以报……咸淳初，赐庙额曰'广福'。六年（1270），安抚潜说友请于朝，封神及其二弟皆列侯，曰孚顺、孚惠、孚佑。"故盐桥又名广福桥。

上述所引文字，记载了与当时的盐桥相关的蒋氏三兄弟的故事。蒋氏三兄弟即蒋崇仁（七郎）、蒋崇义（八郎）、蒋崇信（九郎），世居杭州西溪蒋村，因致力农耕致富，后迁居兴德坊（今祖庙巷）。

南宋建炎三年（1129），宋室南迁至杭州，一时间杭州人口陡涨，粮食供不应求，出现了饿殍遍野的惨状。

目睹此景，蒋崇仁把家中的大量存粮慷慨地捐给饥民，救活了不少人。次年，蒋崇仁与两位弟弟商量后，决定在秋收时，把家里的钱全部拿出来收购米谷，储藏在仓库，等到第二年青黄不接时，允许百姓自带升斗，自量米谷，只付本钱，以保证百姓拥有最起码的"活命粮"。百姓们感动于蒋崇仁的善举，尊称他为"蒋自量"。

蒋崇仁去世前，专门嘱咐两个兄弟："须存仁心，力行好事。"百姓们听说了他逝世的消息，"遐迩奔号，如失所依"，并自发集资，在蒋氏所居的兴德坊建造一座祠堂，俗称"蒋相公庙"，亦称"祖庙"，这便是祖庙巷（位于盐桥西南不远处）的由来。蒋崇仁去世后，他的两位兄弟依然年年捐资储粮，贱价卖粮，前后延续了六七十年，借此渡过难关活下来的人不计其数，百姓称道。

事实上，惠济桥抑或广福桥，始建于宋前，也就是说，在蒋氏三兄弟迁居兴德坊之前，这座桥已经存在。蒋氏被表彰后，人们只在桥上建造了一座广福庙。而在建庙之前，唐宋年间，从江海入城的盐船，大多停泊在这里待榷（即被盐监部门专门收购或售卖），所以又有了"盐桥"的别名。当时，此桥的东南面，还有严州弄、徽州弄，均为严、徽两帮盐商的租房聚居处。钱镠筑罗城时，其中一座城门即称盐桥门，在盐桥之西。因为这里乃水陆交通要道和货物的集散地，且为盐榷之地，其繁盛自不待言。

苏东坡担任杭州知州期间，主持疏浚茅山、盐桥两河。对此，《宋史》卷九十七有载："临安运河在城中者，日纳潮水，沙泥浑浊，一汛一淤，比屋之民，委弃草壤，因循填塞。元祐中，守臣苏轼奏谓：'熙宁中通判杭州时，父老皆云苦运河淤塞，率三五年常一开浚。不独劳役兵民，而运河自州前至北郭，穿阛阓中盖十四五里，每将兴工，市肆汹动，公私骚然。……寻划刷捍江兵士及诸色厢军，得一千人，七月之间，开浚茅山、盐桥二河，各十余里，皆有水八尺。自是公私舟船通利，三十年以来，开河未有若此深快者。'"其时，苏东坡发现茅山河专门容纳钱塘江潮水，盐桥下的河流则专门容纳西湖水，于是组织人力疏浚这两条河道，以利通航。同时，还修造堤堰闸门，控制西湖水的蓄积与排泄，钱塘江潮水也不再倒灌入杭州城内，水害之苦由此基本消除。可见，这一次疏浚，盐桥以及盐桥河是重要节点无疑。

或许，盐榷业在此长期发达，"盐桥"一名叫起来也特别顺口，元明之后，在市民口中，"盐桥"这一桥名渐渐成了通行的桥名。

有关宋时盐桥一带的市井景致，宋代词人张先的《木兰花·送张中行》曾有细致描述，简直是一幅十分具象细腻的盐桥图：

　　插花劝酒盐桥馆，召节促行龙阙远。吴船渐起晚潮生，蛮槛未空寒日短。　　庆门奕世隆宸眷，归到月陂梅已绽。有情愿寄向南枝，图得洛阳春色看。

到了清代，盐桥又有了新的桥名，即"联桥"。清丁申、丁丙《杭郡诗三辑》云：陆恩寿，字联桥，号莲峤，钱塘人。道光二十七年（1847）举人，官安徽铜陵知县。致仕后，回故里，盐桥上建（应是重建或重修）宋蒋侯庙，桥石加阔，故又名"联桥"。这说明，一是随着盐桥这一带的繁盛兴旺，原先的桥梁已不敷用，需要加宽；二是从知县任下退下来，回到家乡的陆恩寿，拿出自己的家财，在原盐桥的一侧筑起新的桥墩，拼宽桥面，使得原先的一座桥，变成了相当两座桥的面宽，又把新建之桥作为广福庙的庙基，与旧桥相连。陆恩寿字联桥，用他的字命名这座新桥为"联桥"，实在是一个奇妙的巧合。

盐桥的东西两头，在北宋之前即已形成城市道路，宋时称"兴德坊""昌乐坊"，又俗称"盐桥巷""前洋街巷"，后又被称为"盐桥直街"。这一带形成集市后，因主要买卖瓜果与蔬菜，便又称为"菜市桥直街"。

民国成立后的 1920 年，以盐桥为中间点，拓宽成东西向的"盐桥大街"。因明初，常遇春率部在杭州大败张士诚军，堪称大捷，便把这条道路的东段改称为"庆春门直街"，原盐桥门（菜市门）改称庆春门。民国初拆除旗营，修建马路，整条道路分称为众安桥河下、法院路、性存路、盐桥大街等，全路得以相连。1964 年统称庆春路，亦名庆春街。由此可知，在庆春路的形成过程中，盐桥始终是个中心节点。

盐桥之北三里许，同样有座横跨中河的桥梁，便是桥名略显古怪的梅登高桥了。

梅登高桥同样建于宋前，最初时被唤作梅家桥，又称通济桥。《咸淳临安志》卷二十一："通济桥，丰储仓后，葛家桥东，俗呼梅家桥。"至明代，方称为"梅东高桥"。明田汝成《西湖游览志》卷十四："通济桥，俗称梅东高桥。其旁有胭脂桥。"

清代文人周骏发有《卧陶轩集》，内有《梅东桥晚眺》一诗，从中可见昔时这座桥及周边景况：

古桥行近市，凝睇列廛居。
红灯夜煎饼，白头人卖鱼。
细流烟棹舣，旧句酒帘书。
不厌嚣尘地，短婴惭未知。

"梅东高桥"后来音讹为"梅登高桥"，应与附近的贡院有关。杭州明清时期的贡院原址位于今杭州高级中学，西桥附近，距梅登高桥并不远。

当年在贡院参加完乡试的考生，凡是考中荣升的，都会身戴大红花、坐着轿子，前面有锣鼓"铛铛"敲着，从贡院出来，在大街上意气风发地经过；没有考中的，便灰溜溜地拎着装有笔墨纸砚及生活用品的考篮，经过这座拱桥前往小北门外的水路码头，登船返乡。所以，在当时的杭州人眼里，只要经过这座桥的考生，都是无缘登科高中的，这座桥就被戏称作"没登高桥"，谐音为"梅登高桥"。

梅登高桥及周边，历史上也多有重要场所。《西湖游览志》卷十五云："仁和县，旧名钱江县。吴越时，在梅家桥西。"意思是吴越国时期的钱江县，其县衙曾设在梅家桥西。另，民国时，梅登高桥西曾办有一所盐务中学，日寇侵占杭州期间，盐务中学校舍遭彻底毁坏，景象触目惊心。

二、荐桥：犹梦婆娑斜趁拍

荐桥起初被称为"箭桥"，"荐"与"箭"两字在临安人的发音中颇为一致，极有可能为音讹。今荐桥位于清泰街西端，中河之上。宋时，这里是崇新门之所在，崇新门是当时杭州的正东门，进了崇新门便是繁华的荐（箭）桥大街了，所以崇新门又叫荐桥门，由此可知崇新门和荐桥之重要。

荐桥大街的繁华，也是与盐商等商人在此聚居有关，由此再次印证盐业对于当年杭州集贸和城市发展至关重要。有趣的是，昔时的不少文艺作品中，盐商的形象并不正面，他们往往被描绘成荒淫无度、安富尊荣的角色。

《三刻拍案惊奇》第二十六回《院里花空忆，湖头计更奸》，说的就是住在荐（书中作"箭"）桥大街的盐商吴爖养妾蓄婢的荒淫之事。后来的文人和说书者，一旦写到某某商人做出此等不耻行为，其故事背景往往就设在荐桥大街。这条大街竟与这等人物故事紧密联系在了一起，倒也是居住在此的人们不曾想到的。

当然因为荐桥大街的繁华，当时也有不少人以居住在这里为荣。《警世通言》第二十八卷《白娘子永镇雷峰塔》中白素贞（书中作"白娘子"）与许仙（书中作"许宣"）的一段对话，就颇有"炫富"的味道：

许宣道："娘子自便，不妨，些须船钱，不必计较。"还罢船钱。那雨越不住，许宣晚了上岸。

那妇人道："奴家只在箭桥双茶坊巷口，若不弃时，可到寒舍拜茶，纳还船钱。"

白娘子如此一说，许宣就明白了，对方的居住地在荐（箭）桥，与自己所住的"过军桥黑珠儿巷"，那完全是两个档次。

由此，许宣也约略明白了白娘子的家境地位。不过，已经深深爱上白娘子的许宣，已不会在乎白娘子出身于什么家庭，住在什么地方。

不过，荐桥大街作为城市繁华区，与皇城根下相比，更多的是市民化的设施，"荐桥门瓦"即是宋元时期杭州戏曲勾栏等娱乐场所的主要"品牌"之一。南宋词人吴文英的《玉楼春·京市舞女》一词，即是一份对勾栏舞女的客观记录，内中甚至还有双方的对答：

> 茸茸狸帽遮梅额，金蝉罗剪胡衫窄。乘肩争看小腰身，倦态强随闲鼓笛。　问称家住城东陌，欲买千金应不惜。归来困顿嚲春眠，犹梦婆娑斜趁拍。

这首词细致地描摹了勾栏舞女的穿着打扮、所居之处，可以说是写尽了她们的疲乏和妖娆。

铁佛寺桥位于荐桥之南，始建于南宋。桥名的来源，是因为后晋开运年间（944—947），附近有一座慈光寺，寺内的弥勒佛由铁铸成，所以该寺又被称作铁佛寺。南宋时，此桥之东有一座道观，名曰佑圣观，便有了另一个桥名"佑圣观桥"。

《梦粱录》卷八载："佑圣观，在端礼坊西，元孝庙旧邸，绍兴间以普安外第设立，光庙乾道年间，又开甲观之祥。"南宋绍兴十六年（1146），孝宗赵昚在此兴建宅第，居住了三十年左右，光宗赵惇、宁宗赵扩均在这里出生。

铁佛寺桥

　　淳熙三年（1176），宅第改为道院，以供奉北极真武佑圣真君。绍定年间（1228—1233），理宗赵昀赐额"佑圣宫"。传说，当初学士院用篆书书写"佑"字时无人字旁，一道士戏言："宫无人，如何自立？"传至理宗耳中，遂让人添加上"人"字偏旁。

　　佑圣宫后毁于一场大火。元大德七年（1303）重建，但改成了道观，更名为"佑圣观"。

　　佑圣观地处杭城中心，当年也是一个热闹的所在。据传，明洪武十五年（1382），观内设道纪司，三月三日俗为北极真武佑圣真君生辰，观内举行仪式，有雀竿之戏。在众观者面前，戏者竖长竿于庭，高可三丈，一人攀缘而上，舞蹈其颠，盘旋上下，有鹞子翻身、金鸡独立、钟馗抹额、玉兔捣药等变化多端的动作，常使观者目瞪神惊，汗流浃背，场面十分热闹。因此，日有男女头戴荠花前来烧香，观看雀竿之戏，杭城便有"三春戴荠花，桃李羞繁华"之民谚。

铁佛寺桥（佑圣观桥）再往南，沿着中河南行，过了临安太庙遗址，便是稽接骨桥了。在中河上各座桥梁中，桥名颇显古怪的，除了前文的"梅登高桥"，"稽接骨桥"之名显然也是极奇特的。而说完了荐桥和铁佛寺桥，紧接着说稽接骨桥，是因为这里也有诸多民间传说，且不少也与南宋孝宗赵昚有关。

杭州话口音中，"稽接骨"与"鸡脚骨"十分相似，有人就以为是这座桥的附近必有一处鸡市，或专吃鸡爪的。非也，可以说，差不多从这座桥落成之后，这座桥的桥名"稽接骨"就没有变过。清丁丙所撰《武林坊巷志·斯如坊三》"稽接骨桥"条按："稽接骨桥，西出凤山门大桥，东通彩霞岭巷。人物有宋稽清、元李衍、明稽胜三人，钱思复附见。"已经把话说得很清楚了。

这座拱桥落成的那个年代，有一位名叫稽清的医者，在这条小巷里开设了一所专治骨损、金疮的诊馆。由于其医术属于家传，加之稽清善于钻研，医治好了不少跌打伤痛和脓疮缠身者，声名逐渐大振。

不过，稽清最具声名的，是治好了南宋孝宗皇帝的骨病顽疾。

明代徐象梅《两浙名贤录》，对此有相当详细的记载。据载，孝宗赵昚训练骑射时，不慎从马背上跌了下来，摔断了踝骨。当年，这可是非常难治的骨伤，宫廷里领俸禄的太医们全搞不定，大家都急得团团转。

幸亏有人推荐了宫外的稽清，说他是民间接骨疗伤的高人，倘若能把他请到，必定能让皇上的踝骨恢复如初。

稽清很快就被召入宫内。看了孝宗受伤的踝骨，他

嵇接骨桥

觉得医治此伤对自己来说并非难事。经过一番医治，孝宗的踝骨很快就治愈了。不过，到了封赏环节，嵇清婉拒了皇帝对他个人的奖赏，只说为了方便患者就医，请求敕造一桥以通中河。

皇帝很快答应了他的请求。不久，一座石拱小桥就横跨在中河之上，给往来的患者带来了莫大便利，嵇清的医馆生意也好了很多。人们为了感激嵇清的善举，便把这座新建的桥梁唤作"嵇接骨桥"，医馆所在的那条小巷也被称作"嵇接骨桥河下"。

到了明代弘治年间（1488—1505），又有一位名叫嵇胜的，在此开设接骨疗伤的医馆，同样医技高超，全城闻名。《武林坊巷志》引明万历《杭州府志》对此亦有介绍："嵇胜，字大隆，钱塘人。弘治间，缺不内外因科，征入京，授太医院医士……正德元年（1506），升任御医。盖嵇本祖传接骨，而杂科则胜自精研者。"可知嵇胜实乃嵇清家族的传人。

巧合的是，其时，嵇接骨桥附近还有一位郭姓医生，擅长产科，也颇有声名。对此，清代文人丁修甫曾撰有《武林市肆吟》，其中一诗有"一脉家传尚接薪，郭医医产效如神。莫教接骨嵇家比，独立桥头问水滨"之句，加以赞许。

三、六部桥：九重宫阙晨霜冷

单孔石拱桥六部桥始建于南宋之前，初时并不著名。杭州成为南宋行在之后，该桥西侧的凤凰山麓设有最高行政机构三省（中书省、门下省、尚书省）和六部（吏部、户部、礼部、兵部、刑部、工部），包括南宋最高军事机构枢密院在内，原址即在凤山门内的大马厂和高士坊，大部曾成为杭州卷烟厂厂区。该桥与行政官署东西相对，众多官员上下朝必然要经过这里。当地居民便称之为"六部桥"，桥名因此而得。

南宋时，桥的南侧设有都亭驿，通俗点说就相当于官府的招待所。这处都亭驿专门安置来自辽、金等地的北方使者，供其住宿后择时入宫。由此，这座桥又有了"都亭驿桥"的别称。

据载，南宋宁宗皇后杨氏与礼部侍郎史弥远等人密谋，矫旨劫持要上朝的太师、平原郡王韩侂胄的历史事件，就发生在这六部桥堍。

韩侂胄时为权相，属主战派。在其任上，追封岳飞为鄂王，追削秦桧官爵，力主"开禧北伐"，但终因将帅乏人而无可奈何。

庆元六年（1200），韩侂胄的侄孙女韩皇后去世，中宫之位空缺。其时，杨贵妃和曹美人都极受宁宗赵扩宠爱。韩侂胄对杨贵妃擅于权术颇为警觉，向宁宗进言，要提防有野心的女人，建议立性格柔顺的曹美人为后。但杨贵妃蛊惑宁宗，使得宁宗于嘉泰二年（1202）立杨氏为慈明皇后。

杨皇后对韩侂胄进言一事极为恼恨，遂与其兄杨次山、主降派史弥远等人一起密谋，决计除掉韩侂胄。一向排斥韩侂胄的史弥远秘密上书，以韩权高震主之理由，请求宁宗下诏诛杀。同时，杨皇后又让太子赵询上书，诬说韩侂胄再启兵端，于国家不利。

在这伙人的怂恿下，听信谗言的宁宗把诛杀韩侂胄的手谕交给了侍臣钱象祖，钱立即将此给了中军统制、权主管殿前司公事夏震。夏震遂与杨皇后、杨次山和史弥远等商讨杀韩的具体细节。

开禧三年（1207）十一月三日，得悉这一天韩侂胄要上早朝，夏震在史弥远等人的指使和安排下，挑选了三百名精兵，从和宁门（又称正阳门，原址即今凤山水门旁）出来，守住了官员上朝必经的六部桥，截住了韩侂胄的大轿，并将其劫至皇城下玉津园（位于嘉会门南四里处，洋泮桥侧）夹墙内，用乱棍和铁鞭杀死。韩侂胄卒年五十五岁。

韩侂胄被杀死后，史弥远等人才把此事奏报给宁宗。其实此时的宁宗对诛杀韩侂胄已有反悔之意，但听闻韩已死，徒有叹息。此后，南宋军政大权全归杨皇后、史弥远等操纵。主降派还不顾尊严，答应金国的无理要求，把韩侂胄的头割下，派使臣送到金国，且全盘接受金国提出的条件，即增岁币为三十万，犒师银（赔款）三百万两。金军则自新近侵占的大散关、濠州等地撤回。事实上，这一所谓"和议"再次削弱了南宋实力。

德祐二年（1276）二月，南宋终于败在了元兵的手里，撤出临安。三年后，南宋灭亡。

南宋诗人陆游曾有《四鼓出嘉会门赴南郊斋宫》一诗，写的是他从皇城出来，看见皇帝行南郊祭天大礼的事，回顾自己早年抗金的经历，寄寓了对太平盛世的向往，内中不无苍凉和无奈。嘉会门在凤山门稍东，其门楼之绚丽，位居南宋临安十三城门之首。诗曰：

客游梁益半吾生，不死还能见太平。
初喜梦魂朝帝所，更惊老眼看都城。
九重宫阙晨霜冷，十里楼台落月明。
白发苍颜君勿笑，少年惯听舜韶声。

南宋最终命运究竟如何，朝廷的种种匪夷所思之举，已见端倪。

元时，六部桥改名为通惠桥，可能与朝廷试图冲淡

六部桥

这里曾是南宋都城的印记有关。明时又将其改为锦云桥，但民间一直称之为六部桥。

六部桥位于中河南段。其实，在六部桥的前后，还有不少古桥，同样记录了历史，尤其是南宋各个时期不可忘却的历史印记，其间且有诸多令人感叹的故事，不可不说。

上仓桥位于今中河南段，西连中山中路，东接上仓桥路，始建于宋。宋时称"安和桥"，元元贞二年（1296），在桥东建起圣安寺，桥也因此改称为"圣安寺桥"。至正二年（1342），圣安寺毁于一场大火，后来在它的废墟上建起了一座军器库。

明时，军器库改作了贮粮用的预备仓，俗呼"老人仓"，又因系圣安寺基改建，亦称胜安仓，桥名亦改为"胜安仓桥"。清时，称它为"部院仓桥"，俗称"仓桥"。后为了与中河北段的仓桥相区别，改称为"上仓桥"。

上仓桥在宋时是一座单孔石拱桥，桥形与常见的无梁式拱桥相似，遗憾的是，民国年间，为了交通之便，古桥被拆，改为水泥平桥。到了 1986 年中东河治理改造时，对这座桥进行了一次较大的整修，整修后的桥梁仍为平桥，长 10.4 米，宽 13.7 米，是一座钢筋混凝土板浆砌块石平桥。作为古桥的上仓桥，其最初的身姿完全消失。

丰乐桥北、东端连接司马渡巷的油局桥也是这样。此桥始建于宋，因当时附近有油蜡局，被杭人唤以"油蜡局桥"，明代以后简称为"油局桥"。所谓油蜡，就是我们现在的蜡烛，在没有电力照明的年代，蜡烛显然是日常生活中不能缺少的。油蜡局即蜡烛厂。此桥的附近，南宋时还有一处柴场市肆，作为日常燃料的柴木显然也是极其重要的物资，所以在这里还设置了兵防。

油局桥是进出油蜡局和柴场市肆的必经之路，这座桥的重要性不言而喻。可能是为了满足运输之需，这座横跨中河的石拱桥还是蛮结实的。但是岁月侵蚀，再结实牢固的桥梁也会损坏。可惜，同样是在1986年中东河治理改造过程中，此桥是以拆除老桥、重建新桥的方式得以重生的，重生之后的此桥不再是座古桥，而是一座长12.34米、宽11.3米的钢筋混凝土板浆砌块石平桥。

三圣桥始建于宋，为石砌拱桥，桥面也有台阶。此桥的桥名来自桥畔的旌忠庙。旌忠庙建于南宋绍兴年间（1131—1162），主祀北宋元丰五年（1082）对西夏战争中，为收复银州、攻克永乐城而牺牲的陕籍统军高永能、程博古、景思谊三人。三人战死后，朝廷即加封高永能为忠显灵应孚泽昭佑王，程博古为忠惠顺应孚佑善利王，景思谊为忠显昭应孚济广佑王，以旌表其忠勇。宋室南

三圣桥

渡后，朝廷将三人追封为王，建庙祭祀，钦定庙号为"旌忠"，俗称三圣庙。

通江桥同样始建于宋，原名庆元桥。《西湖游览志》卷十三载："（桥东）宋有都茶场、杂买务、榷货务、雄武营，北为太医局。"钟毓龙所撰《说杭州》第六章："其地旧有紫极宫，传系宋保安门故址。"明时，此桥又称保安桥。清时，通称为通江桥，但这一桥名，宋时已经出现。紫极宫为当时之道教宫观。

南宋《淳祐临安志》卷十谓盐桥运河经由"通江桥"。清顾祖禹《读史方舆纪要》卷九十"杭州府"一节中载："通江桥，在城南。宋淳熙二年漕臣赵磻老议于此置版闸，以节宣江水。"

当时，通江桥置有中河连通龙山河直至钱塘江的闸门。每遇城市中河水浅涸，启板纳潮，即下板固护水势，

通江桥

不得通舟；若河水不泛，即收板闸，听舟楫往还为便。"通江"一名显然由此而得。

柴垛桥始建于南宋，桥名初为大和桥或太和桥，柴垛桥为俗称。南宋时，这里是中河上的一处渡口，后在河东建起柴场，主要供皇城之用。大量柴木运到，大都堆垛于此，故有此名。后废渡口，建起石拱桥。

柴垛桥附近的主要建筑是桥西的安徽会馆。据载，安徽会馆建成于清同治九年（1870），由徽商出资兴建，恢宏大气，规模颇巨，是当时徽商祭祀、善后、聚会、议事，维护本帮商业利益，提供子女教育的场所。清代学者俞樾撰有一副杭州安徽会馆联：

　　游宦到钱塘，饮水思源，喜两浙东西，与歙浦江流相接；
　　钟灵自灊岳，登高望远，问双峰南北，比皖公山色何如。

杭州解放前夕，会馆开办了安徽中学，即为杭六中之前身。

距六部桥不远的回回新桥亦不可遗漏，它的故事绵延宋元两代，至今印痕仍在。

"回回新桥"同样是俗称。此桥始建于宋，称道明桥，明始称积善桥，这一带旧时为"回回人"聚居地，桥旁原有一座"回回堂"，故得此桥名。不过，这里所称的"回回人"与如今的回族人是有区别的。宋元时期的回回人主要是指信奉伊斯兰教的居民。他们前来中国，大多是来从事商品贸易的。

宋元时期，杭州进入高度发展期。南宋时为实际上的国都，元时为江浙行省首府，人口达百万以上。中国古代对外贸易中最主要的三大商品丝绸、瓷器、茶叶，均乃杭州一带的传统优势产品。随着海上丝绸之路的开辟，加之大运河的商品流通功能，杭州商品经济的日益发达，使其逐渐成为中国东南沿海国际性大都市。洋坝头港（即今羊坝头附近）即为重要的内河货物集散地，中西亚、欧洲、非洲一带的商人在此主要买卖丝绸、瓷器、茶叶、香料、珠宝等。

而与中国从事商品贸易的人士，有较大一部分来自欧洲，尤其是阿拉伯地区和东欧一带。他们中的不少人还在此定居。资料记载，唐宋之后，回回人聚居区已在御道即今中山中路附近出现，元时穆斯林回回人内已有五六万人居住，清波门外已经荒废的皇家花园聚景园也被回回人社团购入，建造成公墓，元、明时称为"回回坟"。回回新桥与洋（羊）坝头、御道以及凤凰寺皆不远。

达达城边练水军，回回河畔唱秋坟。
昔时城外今城里，蒙古伊谁述旧闻。

清时丁丙《续东河棹歌》中的这首诗，追溯了当年回回人在此云集，开展贸易的兴盛情景，以及作此诗时的寥落景象。回回新桥作为当时回回人贸易和居住活动的主要场所，先前的闹猛由此可知。

四、南星桥：天有星辰地有桥

今中河南段，南起白塔岭闸口，北至凤山水门，古时又称龙山河。按绘制于1982年的《杭州城区老街地名图》，中河上从东北到西南，依次分布着老南星桥、小诸桥、美政桥、洋泮桥、海月桥、洋桥、化仙桥、复兴桥、水澄桥等古桥。

从南星桥到水澄桥的这一带，由于靠近钱塘江和码头，加之龙山河直通中河，交通便捷，人流密集，向来为繁盛之地，北宋以后更显兴旺。南宋周密《武林旧事》卷三有载："江干上下十余里间，珠翠罗绮溢目，车马塞途。"也就是说，这一带才是古代地理概念上真正的"江干"。清时，这一带更是码头林立，商贾云集，为杭城重要的木材、柴炭、山货集散地。而这几座桥，大都在宋以前就已出现，现存桥梁多为明清两代遗存，极为珍贵，且每座古桥都有其特色，都有其独有的故事，值得一说。在此主要说说南星桥、洋泮桥、海月桥和化仙桥。

有关南星桥桥名的由来，民间另有一版本，显然是演义式的故事，姑妄一谈。

相传，康熙皇帝南巡，有一天前往钱塘江踏勘江塘。在这座桥边下了龙舆，向桥栏上的桥名看了一眼，便神秘地微微一笑，指了指地，又指了指天，然后缓行而过。

南星桥桥栏

在场者目睹皇上这套动作，不由得莫名其妙，一时间无法参悟其意，尤其是在旁的地方官员特别紧张，却又不敢贸然询问。

正在犯疑之际，抬轿子的锦衣舆夫一语点破："这还不简单？皇上的意思是，天有，地有，桥也有。"

锦衣舆夫的话音刚落，皇上随从官立马附和，并对皇上的动作做了更"精确"的解释："地为城南，天有日月星辰！"

地方官恍然大悟，很快，此桥被更名为"南星桥"。

但其实，与通江桥一样，南星桥的桥名并非始自清代，宋时即有此名。南宋《淳祐临安志》卷七载："朱桥，旧名南星。"《咸淳临安志》卷二十一："南新桥，一名朱桥，雪醅库东。"这说明此桥在南宋前即已存在，原名朱桥、南星桥或南新桥。元代和明朝又以俗名"朱家桥"称呼。桥的西首曾有一座较大的酒窖，估计也是为满足皇城所需而设。

据载，南星桥原先的造型颇为精致。桥柱雕刻莲荷，登青石板拾级而上，可见两边的桥栏板饰有昂首奋蹄的奔马和跃龙门的鲤鱼浮雕，拱腹也有雕饰和题刻。清时，此桥重修后，这些雕饰大多保留，只是岁月流逝，不少雕饰已漫漶不清。

桥南，迄今仍保留有"南星古泉"井一口。此古井临近中河，井口呈长方形，采用条石砌筑，池中仍有泉眼涌出泉水。井口西侧有一碑，民国年间立。此泉西南侧另有一口四眼井，两井应出于同一泉源。南星桥之南，尚有小渚桥一座，同为单孔石拱桥，跨中河，始建年代

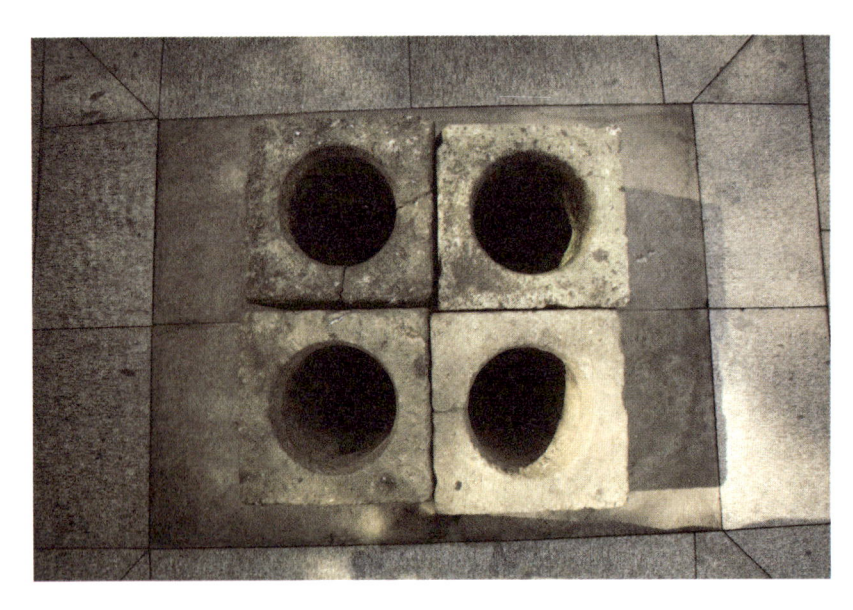

南星古井

不详,应在南宋前后。

几乎是在杭州这片土地上出现村落以来,依偎着钱塘江的南星桥一带就成为重要关隘。杭州形成城池之后,南星桥及附近即成了城市的南大门。据传,早在秦始皇南巡之时,就已有"凤凰山麓古柳浦"之类的说法,待考,"柳浦"即为钱塘江北岸、凤凰山下的古渡口。此外,吴越国时期修建的"浙江闸"也在这里。历史上,南星桥的繁盛向来为"金江干"(江干地区最繁华地段)之生动写照,直到现在,南星桥周边依旧是杭州城南交通枢纽和商贸物流的集中地,其地位不可替代。

洋泮桥在南星桥之西南,始建年代不详,至南宋时已存,现桥为明万历二十年(1592)重建。在杭州市区,宋朝已有又在明代重建的石拱桥已经不多,洋泮桥即为其中之一。洋泮桥的西端桥墩,嵌有重建碑记,上刻"杭州府钱塘县上隅西重建洋泮桥,劝缘信士吴天万、冯天相……匠头陈天惠、徐尚宁、车大良。大明万历二十年岁次壬辰孟冬吉日立"等字样，迄今仍存，即为佐证。

"泮"的本义是古代诸侯宴饮宾客、举行射箭之礼或作为学宫的宫殿，也称泮宫。学子入学称为"入泮"。古代曾将"泮桥"称作"跨鳌桥"，意为跨过此桥，科举应试之时就能独占鳌头。也有人称"泮桥"为状元桥。在科举取士的年代里，跨过泮桥，象征着登仕的第一步。由此可知，泮桥承载了学子心中一生的期望。"洋"则是盛大、广大的意思。

事实上，在古代，"泮桥"在全国到处都有。汉武帝推行"罢黜百家，独尊儒术"的思想政策，儒学的统治地位得以确立。唐太宗贞观四年（630），诏令州县一级建造孔庙。至北宋，朝廷诏令全国州县都要建立学校，各地都以扩展孔庙的方式建立学校，庙、学合一的形式逐渐固定。此后，几乎每个县都有县学，学宫前必有泮桥，泮桥如同大成殿、棂星门，成为孔庙（学宫）的建筑标

洋泮桥

志之一。

龙山河上出现这座"洋泮桥",意味着在南宋时,很有可能其附近存在着一处宴饮会所或学宫,且具一定规模。因此桥建于南宋之前,又可推测,此桥在获得"洋泮"这一桥名之前,已另有桥名,惜不可考。

据载,洋泮桥旁原有大慈寺、龙王庙及木业公所等,大多为明清时期尤其是清代的建筑,均已无存。

与南星桥类似,洋泮桥的造型也颇为精致。桥梁两端宽,中间窄,拱券采用纵联分节并列法砌筑,拱腹有莲叶、莲花图案和题刻,拱顶石上雕有龙形吸水兽。金刚墙用块石错缝砌筑,施两根长系石,下设明柱。桥面铺石板踏跺,两侧施栏板、方形望柱和抱鼓石。桥面正中栏板外侧刻有桥名。尽管已遭时光蚀刻磨损,但韵味仍在。

海月桥位于洋泮桥之西南,西通海月桥河下和余家荡两条小巷。该桥建于明万历年间(1573—1620),为三孔石拱桥。拱顶石雕有龙形吸水兽,金刚墙用条石砌筑,桥面铺设石阶。桥两侧有栏板、望柱,两端用抱鼓石,望柱呈方形,桥顶两侧栏板的外侧均刻有"海月桥"桥名。

海月桥的得名颇具诗意。传说当年建此桥时,附近尚有一小潭,当秋月高照,映在水中,如海中有月,煞是迷人,与西湖之三潭印月有异曲同工之妙,故名海月桥。清道光三年(1823),此桥曾被修葺,迄今桥侧仍留有"道光三年"之题款。

事实上,钱塘江边的风情并非都如海上升明月那样的宁静婉约,尤其是在大潮来临之际,潮水非但可以直

海月桥

接侵入地势相对低洼的江干地区，严重时甚至还会卷走人畜，危及性命。海月桥西南的化仙桥，其桥址所在，即为一处地势低洼、河面相对较宽较深的地方，潮水经过此处泛滥，溺毙事故时有发生，加之这里没有桥梁，仅靠船只渡河，危险程度可想而知。

明万历《钱塘县志·纪疆》载："旧抽分木桥，人多溺死，有里人徐源甃以石始免。"（古代俗称收税为"抽分"，税务所为"抽分厂"）这说明，官府曾在此建造了一座简易的木桥，但因缺少栏杆等设施，又较窄小，仍然不时有人溺毙。后有当地人士出资，砌石护岸，建造石桥，才使得人员溺毙的惨剧未再发生。这说明，这座石拱桥是由民间出资始建的。

明成化十三年（1477），由抽分木桥改建的"化仙桥"石桥建成，"化仙"桥名的来历已不可考，当取吉祥

化仙桥

之意。此桥为单拱石拱桥，现存为清光绪二十四年（1898）修缮。桥梁拱券采用纵联分节并列砌制法，桥拱壁东侧刻有"大明成化十三年岁次丁酉立"字样，西侧刻有"大清光绪二十四年"字样，表明此桥建造和修缮的年份。桥面东西两坡各设台阶，两侧设栏板、望柱、抱鼓石。

值得一提的是望柱。中间四根望柱的头部被雕成狮子状，形象栩栩如生。明柱除西南侧一根可辨"□迎六合愿偕浙水"，东北侧一根可辨"□□□见南峰月明"字样外，其余望柱上的字迹均已磨损，无法看清。桥西南侧有一石龛，内刻"桥神蒋公之位"六字，蒋公究竟是何许人氏，也已不知。

萧公桥原位于柴校路附近，东西向横跨贴沙河，始建于宋代，重建于清。贴沙河为杭州城河，经"平津桥"（今已圮）与龙山河相通。这一段河的两岸，经营柴炭生意、开设"柴行"者颇多。可以说，萧公桥的出现，是钱塘江与京杭大运河两大水系相连的历史见证。

萧公桥重建之初，原名"报恩桥"。民间传说，清乾隆八年（1743），一位萧姓商人的儿子罹患重病，奄奄一息。附近梵寿寺的方丈得知，施展医术，救他儿子摆脱病魔，萧姓商人感激无尽，遂捐资报答，在距寺院不远处的贴沙河上建造了这座单孔石拱桥。此桥桥拱呈多边形，桥身有石刻题记，取名"报恩桥"，为当时贴沙河上第一座石拱桥。

这座报恩桥，大大方便了两岸的居民和商家，寺院的香火也更旺了。人们感激于萧姓商人的慷慨捐助，称赞萧姓商人知恩图报之心，尊称其为萧公，渐渐地，这座桥也被叫成了"萧公桥"。

天长日久，萧公桥所在一段河道渐被淤塞，后又被填平，桥体大半已陷于土中。2002年2月，西湖南线景区整合工程开始，为了更好地实施保护，萧公桥原桥被迁至柳浪闻莺公园内，而在原先的遗址上建起了一座微缩复制版的萧公桥。

第四章

东河上的桥

至竟东青桥下水，
居人认作武陵看

河边寻烟柳，小巷访画桥。

这是描绘东河古桥最为精妙的诗句。东河，宋时为城河，至元代，城墙东扩，此区域被划入城内，东河方成为城内河道。宋代有"东菜、西水、南柴、北米"一说，东河一带为其时杭城主要蔬菜产地及交易地，东河古时又称菜市河。依东河运输之便，南宋以后，东河两岸开设商铺无数，成为繁盛之地。《梦粱录》卷十六云："杭州人烟稠密，城内外不下数十万户，百十万口……细民所食，每日城内外不下一二千余石……新开门外草桥下南街，亦开米市三四十家。"除去大量商铺，此地又因人口稠密，东河上桥梁密集，亦可称杭州古桥集中之地，关于古桥的各类故事也十分丰富。

一、斗富三桥：送往迎来不暂休

先简单说一说东河畔的五柳巷。

在杭州众多的历史文化街区中，五柳巷的占地面积并不大，如今的商业也未见特别繁华。进入街区，你能直接感受到的，除了古朴，除了沁绿，就是一片宁谧了。

五柳巷之名源于南宋时此地建有一个小规模的皇家花园，名曰"五柳园"。清代之后，五柳园不复存在。清朱彭《南宋古迹考》有记："《梦粱录》：'五柳园即西园。'予考斗富三桥河下有五柳巷，地近板儿巷，去金刚寺不远，或即其遗址也。"又清姚思勤《东河棹歌》云："章家桥之上有五柳园桥，其地有五柳园，在金刚寺北，今安乐桥有五柳巷。"安乐桥东西向横跨东河，今已化作西湖大道的一部分。

斗富一桥、斗富二桥和斗富三桥始建于南宋，均横跨于东河之上，距梅花碑也不远。粗算一下它的历史，至少已有七八百年。只不过年代久远，石桥数次毁建，如今的桥身早已不是原物了。

没错，关于这三座桥，最让人感兴趣的，是它古怪的桥名。据万历《杭州府志》卷四十五，平安第三桥、平安第二桥、平安第一桥，俗呼豆腐第三桥、豆腐第二桥、豆腐第一桥。"豆腐一曰斗富。"也就是说，早在明神

斗富三桥

宗万历年间（1573—1620），这三座桥就已拥有了三个不同的桥名（当时还有通利桥、米市桥、五柳园桥等桥名，暂且不表）。平安、豆腐、斗富，各桥名之间含意迥异，背后自有着种种奇妙故事。

斗富一、二、三桥所横跨的东河，到了这个河段已是最南端了，再往南即是断河头，东河至此戛然而止。史载原本的东河能直通到凤山门，然而在南宋绍兴三十二年（1162），宋高宗赵构为建德寿宫，填了菜市河南端，截断了河流，这里便被唤作"断河头"，俗称旱河头，这一点可参见明田汝成《西湖游览志》。

但另有一种说法，说今断河头一带原是码头，断河头就是杭城的黄金码头。它三面为河埠，从这里下河，可一路北上，经坝子桥、护城河，出施家桥，进入大运河水系。码头附近的河道因久未疏通，造成淤积，直至河流中断，成了断河头。据载，南宋时，断河头有多家酒楼，迎来送往者都在这里设宴，所以曾有"无情最是断河头，送往迎来不暂休"之说。毛先舒"断河河水流香絮，弹莺偏著花浓处"的诗句，表明此处除了酒楼茶肆，还有诸多娱乐场所。

这一点，在明清小说中也有反映。《儒林外史》中的马二先生，从嘉兴南下抵杭，"……上船，一直来到断河头"。说明到了清代，断河头码头仍在使用。清代姚思勤《东河棹歌》中一首诗流传较广：

一桥二桥水不流，三桥桥畔多泊舟。
侬情长如江上水，愿郎弗住断河头。

常有情人在斗富三桥的码头边依依惜别的情景，亦可推断此处乃古时杭城重要的客运码头。

在记载于史籍、流传于民间的众多故事中，有则被市民口口相传了几百年的"豆腐桥传说"[1]影响颇大。其实，这并非纯属虚构的民间传说，历史上确有此事，只是在叙述中掺入了民众的感情色彩。

断河头一带向来闹猛，自然有更多的人愿在这里驻足。据说岳飞大破金兵的关键时刻，其手下一位名叫王佐的将军，使出断臂的苦肉计，获得了金兀术义子陆文龙的信任，得以留在了金军的兵营中。王佐趁此机会，把陆文龙的真实身世告诉了他，成功地策反了陆文龙，两方并肩作战，大败金兀术。后来王佐又带着陆文龙及其奶娘回到宋朝，使宋军多了一名骁将。立下赫赫战功的王佐当然应获奖赏，何况他已缺了一只胳臂，不能再出征打仗，岳飞便保举他做了安乐王，宋高宗赵构还答应他在杭州城内新建一座王府，过享乐日子。

王佐把新建王府的位置选在了断河头附近，由朝廷出钱出力建造。

新建王府颇有规模，建造时所需泥沙、石灰、石板、木材堆在断河头的码头上，占去了众人上船下船的地方，显得很乱。原先在东河上载客的船也被征用，成了砖瓦建材的运输工具。老百姓多有不满，很快编出一首歌谣："安乐王，安乐王，为你安乐大家忙！"

从战场上回来的王佐得知百姓对自己这件事不满，颇为震动。他想，自己根本用不着这么大一座王府，不如缩小王府的规模，把多余的材料用于在河上建桥。想到做到，他立即吩咐建造王府的工匠们，先挑出一些上好的石材等建材，在河上建起一座宽敞美观、坚固耐用的石桥，剩下的材料再建王府，至于王府的规模，两大间房子就够。

[1] 如邵介安搜集整理的《豆腐桥》，见《浙江省民间文学集成·杭州市故事卷》，中国民间文艺出版社，1989年。

周边百姓得知王佐的这一决定，十分感动，纷纷主动前来帮忙。一个月后，东河上便建起了一座漂亮的大石桥，百姓们过河非常方便。由此，大家又编了一首短短的歌谣，以表达对王佐的感谢："安乐王，好心肠，造座大桥通四方。"这座桥也被称作安乐桥。

王佐先建石桥再造王府，深受百姓称赞的消息四处传扬，最后传到了宰相秦桧的耳朵里。这个奸相不免嫉恨，心想：你王佐算什么，造了一座桥就四处扬名？我干脆造它三条，一座比一座阔，一座比一座高，跟你王佐斗一斗，看看谁富有，看看你强还是我强！

秦桧身居高位，他的命令，手下的人谁都不敢违反，一帮人便在东河上干了起来。秦桧当然不会自己掏钱，而是采用增捐加税、抓夫派工的方法，强迫百姓不分昼夜地造桥，闹得百姓不得安生。三个月后，就在安乐桥之北，同一条东河上，竟并排造起了三座石桥，果然是一座比一座阔，一座比一座高，秦桧亲自给这三座桥取了名字，分别为"斗富一桥""斗富二桥""斗富三桥"，意思是我与你究竟谁富有。

秦桧的做法当然为百姓所不齿，况且为了造这三座桥还大肆搜刮。百姓对抗的方法，一是宁愿绕个远路，仍然去走安乐桥，也不愿去走这三座斗富桥；二是给这三座"斗富"桥取了个"豆腐"的谐音名，含有强烈的鄙视、讽刺意味。这三座桥因此便有了另外的桥名。当然，"豆腐"与"斗富"发音相谐，也有可能是在久远的时光中讹化而得。

事实上，安乐桥在宋代被称作福济桥，又名席潭桥，南宋岳飞麾下谋士王佐确实居住于此。王佐凭断臂混入金营劝陆文龙归宋有功，被宋皇封为安乐王，在东河边修建王府，并造桥以方便两岸居民来往，居民感恩，这一说法也多有记载。只是秦桧以造桥与王佐斗富一事，实在过于戏剧化，内中必有渲染之成分。

如今，安乐桥以及斗富一桥已经湮没在断河头之南，延伸拓宽至建国南路与河坊街相交处。今与姚园寺巷相连者为斗富二桥路，与郭东园巷相连者为斗富三桥路。两条巷子也均与建国南路相通。

而这三座桥另有"平安"之名，可能与王佐所建之"安乐桥"相谐而得。杭州另有一座平安桥，原位于中河之上，西出屏风街，东靠杭州高级中学，为单孔石阶拱桥。明嘉靖《仁和县志》卷二载："平安桥，宋时有金锡库，即铜钱局。"1986年中河治理时被拆除。两座同样名称的石桥，其位置完全不同。

斗富一桥在南宋时还曾唤作"通利桥"，这一颇为吉利且不无商贾气息的桥名，可能与这一带当时属交通要津和商贸繁盛地有关。元至正年间，名士王维贤隐居于斗富一桥附近，筑有东里草堂。元张昱《题王维贤东里草堂》一诗中有"周遭多是及肩墙，马过犹知旧草堂。苔径雨晴蝴蝶乱，药栏风暖牡丹香"等句，可知当年此地之场景。

斗富二桥在南宋时同时有"米市桥"之称。《梦粱录》卷十六有载："杭州人烟稠密，城内外不下数十万户……细民所食，每日城内外不下一二千余石……新开门外，草桥下南街，亦开米市三四十家。"显然桥名与这一带米店众多有关。杭州城北有米市巷，城南有米市桥，一南一北，皆为当时重要的米市所在地。

而斗富三桥在南宋时则又被叫作"五柳园桥",乃因宋时这附近有一小御园,名为"五柳园",上文已有所述,此处不赘。

二、横河桥:数来族望有几家

西横河桥,现俗称为"横河桥",作为地名,指今东河东岸大河下巷口,已是一个容易忽略的去处了。而事实上,有关横河桥的来龙去脉,绝非那么简单。

清厉鹗《东城杂记》卷上载:"横河,东运河之支流,西湖水灌市河,从城外过坝入焉。东西夹以双桥,如眉影窥镜。《梦粱录》云:'崇新门外,小粉场前普安桥,又名横河桥,其东名广济桥。'今但名东西横河桥。"宋时,东河水自坝子桥向南流入,经万安桥后,有一支流拐向东流,名叫横河,先过西横河桥(宋时称普安桥,明称横河二桥,清称西横河桥),后过东横河桥(宋时称广济桥,明称横河一桥,清称东横河桥,位置在蒲场巷),再穿城墙涵洞流入贴沙河。中华人民共和国成立后,因道路建设所需,横河被填,原河岸南北两侧的"大河下""小河下"巷弄仍在,原位于今建国中路上的西横河桥已不存,仅剩桥面,车辆经过时仍有过桥之感。现道路已彻底铺平。

不要小看了这并不宽阔的横河。吴越国之后,杭城划分为钱塘、仁和两县,横河为两县的分界之一,横河之南为钱塘,横河之北为仁和。

清末民初时,横河桥的桥下,或者说整条横河上,常聚集载有大量逃荒来杭、乞讨度日者的江北船(大多来自长江以北),洪涝成灾或青黄不接时,这样的船特别多,甚至连河道都被阻塞,成为当年杭州的一个奇特现象。后来，这些逃荒来杭者在横河两岸搭起最为简陋的竹棚寮栅，所有逃荒乞讨人员按营居住，形成一大片棚户区。直至杭州解放初，横河两岸仍是贫民窟之一，拱宸桥、卖鱼桥、菜市桥、太平桥等旁边也都曾出现不少这样的竹棚寮栅。

不过，有关横河桥，许氏家族的故事颇有讲头，且从中还能获悉杭州清末民初及至当代的某些市井风情。

旧时老杭城有"八大姓""十大姓"之说，指的是杭州当年的望族。清代杭州医家陆以湉曾撰有一联，所说正是这一情状：

数来族望，寰中能有几家；
问到科名，榜上视为故物。

当年府宅位于小粉墙大河下巷口的许家，就是这望族之一。许家最鼎盛的时候是晚清至民国初，其时，许家"积厚轩"宅园宽达六十余米，一大门，四边门；深八十余米，有七进二层楼房近百间，大小天井十二方。这里粉墙高耸，以致西面的小粉墙（后称东街）与北面的华藏寺巷都因之显得逼仄。

据许家族谱载，从晚明第六世四子中出了一个秀才起，到光绪年间第十二世，许家子孙接连榜上有名，尤其是第十一世"乃"字辈，29名男性中，竟出了16名秀才，11名举人，5名进士，入翰林者有5名。所以，在杭州，许家曾享有"七子登科""五凤齐飞"之美誉。

现当代的许家名人尚有：许引之（现当代著名散文家、红学家、诗人俞平伯的岳父和舅舅），清末外交官，清廷驻韩国仁川领事，回国授二品衔，两浙盐运使、京奉铁路主办，1913年筹建中国银行浙江省分行并任行长，后任直隶烟酒公卖局局长等职。许引之女儿许宝驯，工诗画、度曲、弹琴，嫁俞平伯。许引之长子许宝驹，国民党一大代表，民盟创始人之一；次子许宝骙，曾任全国政协文史资料委员会副主任委员；三子许宝騄，世界著名数学家，概率论、数理统计学创始人，曾是全国政协委员；许儒鸿（笔名高阳），现当代著名作家，之江大学毕业，曾在笕桥中央航校任职，著有七卷本历史小说《胡雪岩》（高阳早年也曾在杭州横河"积厚轩"居住）……

当年，横河北岸屋门面南的有四座大宅，时称"积厚轩"的许家是西面第一座，即最靠近小粉墙的一座（后门牌号为"大河下130号"），隔壁为庾园。庾园是横河北岸四座大宅的第二座，它非但是一座大宅，也是一座典型的江南风格的文人园林。庾园创建于清顺治十四年（1657），原主人为沈庾庵。至后人沈绍姬（字香岩）时，庾园达到全盛期。

据载，当时的庾园拥有揖翠亭、卧云阁、玉玲珑、石瀑布等"庾园八景"，本埠文人经常在此雅集，吟风咏月，尤其是对据考为北宋末年花石纲原物的"玉玲珑"假山石题咏最多。"玉玲珑"高数丈，大十围，苍润嵌空，玲珑剔透，扣之，声如乐佩，石上还有刻字纪岁月，与上海豫园的"玉玲珑"堪称"姐妹石"。据传，它是由沈庾庵从灵隐包氏山庄求得后，动用数百名民工，耗费两个月时间，方才搬运到庾园。由于有了这块奇石，庾园又被雅称为"玉玲珑阁"。

沈绍姬后来不幸遭受"家难"，仓惶出逃。他先是躲避在西湖南岸的南屏山，后又远走江苏、湖南等地。沈家的败落，也造成了庾园的不保。庾园后来数度易人，民国年间庾园曾租给行素女中做了学校。该校后改为杭州私立清华中学，即为杭州第八中学（后又改为杭州市旅游职业学校）的前身。

1959年11月，浙江省文史研究馆搬入庾园，当时的门牌号是横河桥大河下127号。文史馆在馆长马一浮，副馆长邵裴子、张宗祥、宋云彬的主持下，敬老崇文，著书立说，逗留盘桓庾园达七年之久，在大花厅，在玲珑阁，在后花园，都留下了许多趣闻逸事。可惜"文革"开始，先是红卫兵扫"四旧"，接着是"七十二家房客"的喧闹，再后来，杭八中扩建教学楼和大操场，拆玲珑阁，填后花园，推小粉墙，平大花厅，毁玉玲珑，一代名园就此谢世。

三、菜市桥：园蔬风味忆桥东

> 潇潇暮雨碧云寒，冶梦烟花梦已阑。
> 至竟东青桥下水，居人认作武陵看。

这是清代文人姚思勤《东泊棹歌》中的一首诗，既描述了当年菜市桥瑰瓦舍表演的场景，同时也展现了人们在市井娱乐中的那份沉迷。南宋以后，东城的菜市桥一带是最富人间烟火味的，这与城郊融合、市民聚居、民众勤劳淳朴，以及流淌了千百年的东河、物质和文化交流异常活跃等因素有关。

要说菜市桥的故事，当然先得说说菜市门。

菜市门始建于南宋绍兴二十八年（1158），为当时杭州东城门之一，原址在今东清巷与庆春路交叉口附近，东河之西，原名东青门。南宋杭城有"东菜、西水、南柴、北米"之说，"东菜"即指东青门外那大片的菜圃，城外的农人以种菜为业，担菜到东青门外的桥边来卖，形成菜市。因为有这处菜市，这座桥便被唤作"菜市桥"，因为有了这座横跨东河的菜市桥，东河因此也被唤作"菜市河"，东青门也被俗称为"菜市门"。

元末张士诚东拓城垣，城门被移至贴沙河之西。新的城门外那座桥名曰太平桥，城门也就改称为"太平门"。明时，城门始称为"庆春门"。此名的由来，与庆春门外"东郊迎春"的习俗有关。旧时芒种节气前，杭州官民都会到庆春门外先农坛迎请芒神，祈愿一年丰收。昔时有诗云"迎春东郊可以观，鞭罢土牛鞭春官"，说的就是这件事。庆春门内大街，即庆春街，向为繁华街衢，庆春门外的那条小路，则一直通往种满各式菜蔬的田圃深处。

然而，尽管南宋后此地已成闹市，却因距钱塘江不过数里，加之堤塘防御能力弱，江潮竟能直接侵入今建国路一带，甚至涌入东青门内。

宋嘉熙年间（1237—1240），即有"江流失道，径奔菜市，吞吐沃野，日数百尺"之潮灾。而若夜深人静，侧耳倾听，还能闻得钱塘涛声。今菜市桥东北有潮鸣寺巷，据传宋高宗赵构南渡时曾宿此寺，夜半耳闻江涛，以为金兵追至，大骇，后来方知为钱塘潮声，遂赐以"潮鸣寺"之名。这则故事说明，至南宋，菜市桥一带仍与钱塘江十分接近。

张士诚拓城后，菜市门被东移，但菜市桥依旧在老地方，菜市也越来越兴旺。宋元以后，漕运、水运更显繁忙，菜市河边布满河埠，主要是用来装货卸货。由于各类物资都在此集散交流，再多的河埠往往也不够用。清陈晓春《东门菜市》诗曰：

园蔬风味忆桥东，压担依然聚晚菘。
地号青门曾结市，人来白叟惯为佣。
一文钱买还求益，七石缸腌幸不空。
且喜苍生无此色，年年雪圃甲开红。

当然，菜市桥一带并非只有集市和住家，还有很多与文化、教育、娱乐有关的场所，在古代，这三者又往往会融合在一起。菜市桥一带人气极旺，市井文化、宗教文化、教育传授乃至高雅艺术也在这儿滋长、扎根。

据清代文人何兆瀛所撰《老学后庵忆语》载，莲池大师与其元配沈夫人同修道，而夫人得道较早。考杭州菜市桥河下向有寺，沈夫人木主供其中，招尼僧常住司香火。州人皆称为沈庵。自经乱后，尼僧主持不得其人，又经官葺庵屋，逐尼去，改为东城讲舍。大师及夫人木主仍然供奉香火，至今不断。诗云：

儒门仙眷佛因缘，证果由来有后先。
遥睇五云山下路，千秋不坏此青莲。

莲池大师（1535—1615），又称云栖袾宏，为明代四大高僧之一，中国净土宗第八代祖师，俗姓沈，名袾宏，字佛慧，别号莲池，因久居杭州云栖寺，又称云栖大师，清雍正中赐号"净妙真修禅师"。上面这段文字记录了莲池大师曾在菜市桥的一段经历。

当时菜市桥河下原本就有一座寺院，莲池大师夫人汤氏（莲池出家之前已有婚配）的神位供奉在其中，并招有尼僧在寺内长住，专司香火，众人称之为"沈庵"。后因遭受战乱，一时找不到合适的僧尼住持寺庵，便又在官府的支持下，修缮屋舍，改成了"东城讲舍"，在此讲学、传经。因念及莲池大师及汤氏的功德，他们的

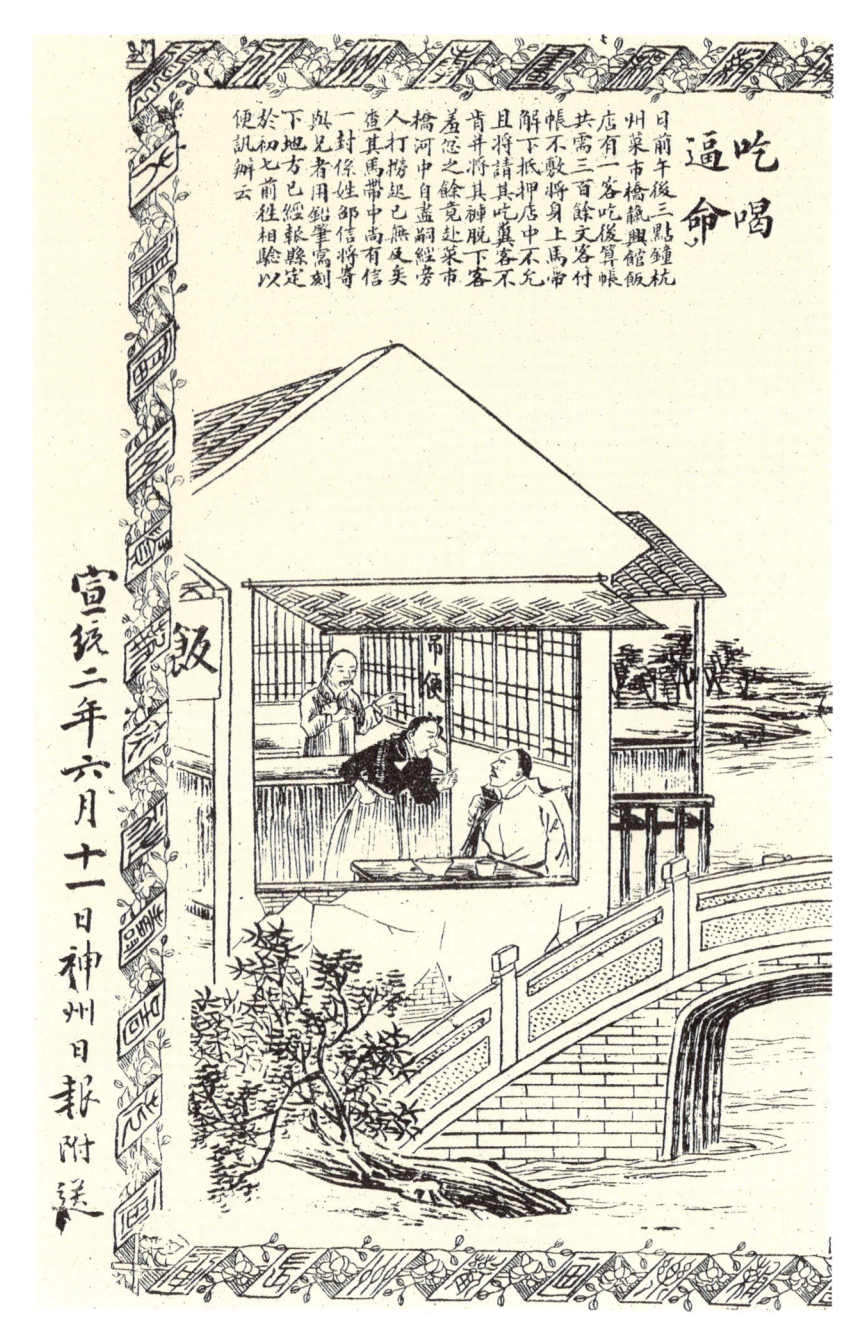

《吃喝逼命图》，描绘了发生在杭州菜市桥畔饭馆的故事（出自1910年《神州日报》）

木主依然供奉在内，香火不断。何兆瀛的生卒年为1809年和1890年，与莲池大师相隔两三百年，而此寺和讲舍的香火一直能在菜市桥下延续，足见莲池大师为人为学影响之深广。

清人吴耀炳《东城杂诗》云："飞絮垂杨闹晓莺，杂花一树不知名。庆春桥拟携家住，卧听东河流水声。"描绘了当年菜市桥（诗中称庆春桥）的风流雅致。事实上，自从这里渐渐成了杭州城内的繁华地，不少有钱人，包括文化人，在此买地起屋，常年定居，"弥望的菜圃逐渐被蚕食了"，同时也丰富和繁荣了这里的文化业态。唐朝著名书法家褚遂良，以《长生殿》留名于世的清代剧作家洪昇，都曾在距菜市门、菜市桥不远的地方居住过，从外地流寓杭州的文人墨客，不少也都落脚此地。

宋元时期，菜市桥南今瓦子巷一带，有菜市瓦子（曲艺表演场所，又称"瓦肆""瓦舍"），为杭州民间重要娱乐场所，经常聚集大批观者。清乾隆年间（1736—1796），菜市桥畔出了个名叫王青翰的盲女，因在家排行居三，人称王三姑，长相清秀、仪态万方，聪明伶俐、口齿清晰。王三姑从小就熟稔三弦弹奏，既善唱，又能写诗。等她长大成人后，名声更大，引得全城的富豪权贵痴迷她，为她叫好。可是，王青翰并不过于爱钱，甚至视钱物如粪土，而喜欢与文人打交道，这让文人们对她更为倾倒。

每当酒阑兴至，王青翰就开始献艺。据《杭郡诗续辑》记载，王青翰唱起"张紫烟放秦""杨玉环马嵬"等曲目时，转喉引声，时而摹拟英雄悲愤之声，时而表现儿女缠绵悱恻之情，惟妙惟肖，有巨大的感染力，让观听者一时欣喜，一时愤怒，一时悲伤，悲伤时能让听者哭得抬不起头来。其唱功演技出神入化，非常吊人胃口。清代诗人、书法家王文治（号梦楼）曾特地为她书写了"青翰舟"匾额。因为有了这个奇女子，那时的菜市桥一度成了文化人、曲迷者的仰慕之地。

宋元之时，勾栏瓦肆在杭州颇为兴盛，虽然菜市桥与皇城并不毗邻，皇家的文化娱乐业相对远离，却反而推动了市井文化娱乐业的兴旺。至明清两代，菜市桥一带依然"裙屐名流，酒地花天，乐几忘死"，也有曲艺、杂耍、魔术之类的民俗文艺演出，地方戏尤其能吸引人。总之，菜市桥既有浓郁的人间烟火味，也不乏文化神采。

> 长河缘雉堞，水色绿于蓝。
> 岸柳迎风弱，汀蒲战雨酣。
> 浣纱溪女稚，结网罟师贪。
> 野景平桥外，孤舟系石南。

这是清朝诗人诸璧发的《菜市河》，描写出了一幅菜市河两岸当年繁荣且不无浪漫的风情画，对了解清时的菜市桥及菜市河景象颇有帮助。

至民国，菜市桥堍米行、货栈、商店、菜馆众多，委实成为杭州城内的百货商贸区，范围扩大至方圆一里许，货品早已不单是蔬菜了。直至20世纪80年代，这番盛况仍能在菜市桥熙攘人群中依稀可睹。

1919年，庆春街拓建，菜市桥不再是石阶拱桥，而改为半椭圆形拱桥，桥面由石板路改为铺设沥青，可供车辆通行。此时的菜市桥地区已成为可与旗下大街、清河坊大街比肩的杭城繁华地，"朝有菜市，日有货市，晚有夜市"，"菜摊收了摆茶摊，茶摊收了摆货摊"就是当年菜市桥盛况。尤其是在清明前后，来自杭嘉湖的大批香客乘船而至，在东河码头上岸后，逛菜市桥，购买"五杭",乐此不疲。1992年拓宽庆春路时,菜市桥拆建为平桥,与道路完全拉平。

四、坝子桥:灯火城河夜夜春

坝子桥跨东河,南宋时已有此桥,初名坝子桥,南宋淳祐年间(1241—1252)改名"顺应桥",明时复称"坝子桥",清时俗谓"古观音桥",今通称"坝子桥"。

康熙《仁和县志》卷二载:"坝子桥,桥洞有三,相传为鲁般(班)所造,康熙年间重修。"有诗曰:"班门仙斧试通灵,顺应桥成岁几经。传说当年张果老,骑驴来憩凤凰亭。"乾隆《杭州府志》卷四:"艮山门,东北第一门也……门内有顺应桥,一名坝子桥,俗因呼门为坝子门。"

坝子桥连通京杭大运河和东河,但两条河的水位高度不一致,古时候又没有船闸,船开到这里的时候,得用脚架翻坝,"坝子桥"一名由此而来。它是运河到东河的唯一入口,称它为"东河第一桥",当之无愧。对于坝子桥的特殊"功绩",桥上对联已予以精确概括:

巽水启文明,留棘院楚庠,左右逢源千古盛;
艮山资保障,有仓箱杼轴,春秋利济万家欢。

东河形成于唐,为当时的三条沙河之一。南宋时尚在城外,元末张士诚拓城,方揽入城内。东河向来为杭城水运要道,南宋粮运即由此河出入。宋代诗人葛澧有《钱塘赋》云:"清流中贯,荡漾涟漪。"明代田汝成《西湖游览志余》载:"后沙河在艮山门外坝子桥北……沙河宋时居民甚盛,碧瓦红檐,歌管不绝。"宋代大诗人苏轼有诗云:"云烟湖寺家家境,灯火沙河夜夜春。"

坝子桥与凤凰亭

可见当年的坝子桥一带，虽然地处郊外，但已是繁盛之地，其热闹程度甚至远超城内非商业区。其时，自断河头至艮山水门共计八里，清姚思勤《东河棹歌》即有一诗：

八里清波贯绮闉，人家水榭簇鱼鳞。
题诗欲改坡翁句，灯火城河夜夜春。

"东门菜、西门水、南门柴、北门米"，为宋时的杭谚。艮山门虽在城垣东北，但坝子桥外丰饶的土地，带来了供应颇丰的粮食和菜蔬，尤以后者为盛。杭州人爱食"冬腌菜"，家里若有一缸冬腌菜，荤素均可与之搭配，撑过整个冬天绝无问题，因此，每临小雪节气前后，整座城市每户人家都会买城东出产的"长梗白菜"，河道两岸，都是洗菜晒菜的人们，坝子桥下更是忙作一片。清姚思勤有《冬腌菜》一诗云：

梗长叶阔东门菜，压担挑来小雪天。
镇日青青河畔洗，阿侬辛苦手卷然。

清朱文藻《东城小志》载："艮山门坝址桥上亭子，旧有凤鸟飞集亭上，因名。……咸丰八年（1858），亭无故自焚……丝市机声，荡焉灰灭……"坝子桥之东南不远，即为东园，乃丝织行业集中之处，丝织同仁向来以凤凰亭正对鼓楼而镇水火为祀，所以，丝织同仁们曾于光绪九年（1883）集资修建坝子桥，重建凤凰亭，且选用青石砌筑，形如纺车，希望能够振兴城东的丝织业，后圮。

凤鸟既是吉祥物，又是见证人，它见证了坝子桥内外的风风雨雨。1987年，坝子桥重修，并在桥巅再次建起木结构凤凰亭，尽可能重现当年之风姿，桥畔还被辟为小公园。当然，当年的丝织机声如今自然是听不到了，但东河流水依然浩荡。脚架翻坝也早已消失，电动闸门一半隐于水下，仍可感知它的巨大。哗哗哗的流水从南边涌来，在闸门处形成不无壮观的瀑布。东河确实并非只有温柔，它同样有着激越和豪迈。

新横河桥始建于清光绪五年（1879），位于今仓河下北端，坝子桥之南，为单孔石拱桥。始建之时，这里还有一条新横河，该河东通东河，西连市河。新横河桥以南北方向横跨新横河，故名。民国《杭州府志》卷七："新横河桥，坝子桥西南。光绪五年，巡抚梅启照开新横河，自白洋池而东直抵坝子桥东河，因建此桥。"这已经把此桥的建造经过记录得清清楚楚。坝子桥，位于今东河之北端。新横河，今已纳入中河的一部分，东西向，是中河与东河相连结的河道。

需要重点说一说的是这座桥的结构。从外表上看，这座石拱桥似乎普通，倘若细究，就可发现这座石拱桥有着精巧的设计、精心的施工，十分符合江南地区河桥的特性。它通长16.4米，宽4.31米，拱券用纵联分节并列法砌筑；拱净矢高 3.68 米，净拱跨 6.8 米，金刚墙用条石错缝叠砌，较为规整。券两侧施一对明柱及长系石以固桥身，拱券上方东侧的石匾上阴刻"新横河桥"字样，拱券上方西侧刻"光绪五年冬造，六年秋成，敬卡"字样。桥东侧明柱上石刻楹联为："汇东西中三河以通其利；成宋元明历代未竟之功。"南端桥栏板刻"回"字纹和由松、梅、喜鹊、瑞兽组成的吉祥图案，中间的桥栏板较宽厚，筑成罗汉坐式栏板，可供行人休憩，既结实、精致，能在数百年间保持桥体稳定，还能确保船只通航，实用功能极其充分，又不乏艺术性，给人以飘逸之感，同样合辙于江南水乡的韵味。

或许正因如此，2002 年仓河下拓宽拉直，这座桥即将被拆毁之时，有关部门及时采取了保护性措施，使这座古桥得以迁移异地保护，原样迁移至西湖南线景点之一的柳浪闻莺公园内，让它继续展示和体现应有的价值。

明清以来，杭州民间丝织业较为兴旺，乃至坝子桥外、运河之北的地区，也曾多有丝织机坊和土丝作坊之类。杭谚"坝子门外丝篮儿"，说的就是女人们挽竹篮去河港漂洗练丝，还有蚕农们在此兜售土丝的场景，足见这一带养蚕、缫丝、丝织等业态之盛。当然，坝子桥的丝织产业与极为成熟的东园巷丝织行业各有异彩，前者更具民间或曰郊野神采。

小满节气一过，就是东街各家丝行的黄金日子。兜售土丝的蚕农从笕桥、乔司（方言"茧桥""缫丝"的谐音），乃至更远的南浔、吴兴等地赶来，在坝子桥下了航船，循着东街一路兜售。那几天的东街，尤其是在东园一带，蚕农、土丝坊主等摩肩接踵，当然大多最后获得了可观的收成。从东街回到坝子桥，上了停泊在坝子桥下的航船上，他们便从今天所获的银两中撮出几分碎末，买些熟菜沽壶酒，一边回舟一边享受。哪怕一时走不了，也能吃住在船上。由此，黄昏过后，坝子桥下便亮起点点灯火，传出兴奋的猜拳声、弦歌声，这是蚕农和土丝坊主最快乐的时刻。

据载，民国时期，艮山门周泰兴丝行主周梅卿，在担任杭州丝织业公会会长期间，纺绸业以"包税"提成与会费收入两项，出资筹款，在坝子桥畔建造了会馆厅房，堂匾题为"顺成堂"，与绸业会馆"观成堂"媲美。该会馆后门濒临东河，设有船埠，船只可直通运河，便于卖丝船停靠歇宿，丝织业同仁一时称便。

清末民初在东街有一首儿歌："唱唱唱，洋机响，洋机开了五百张。角子铜板不算账，大洋钞票来进账。"这说明，当东街一带用上了板儿巷电厂所供的电之后，以往生产效率颇低的土机，全被产出高、人手少的电动洋机所替代。这些配备电动洋机的厂家，除了坝子桥内外的丝织厂，还有从茅家埠迁出，建在艮山门火车站旁的都锦生丝织厂，该厂引进了浙江省内第一台法式织锦电力机，不但效率高，质量也大大提升。该厂所精心织作的织锦《宫妃夜游图》，还在 1926 年美国费城国际博览会上荣获金奖。杭州的丝织业以及丝绸、织锦业进入了一个全新的、充满残酷竞争的发展期，依然抱着传统丝织机杼不放的厂家和业主，注定将被浪潮淘汰。

第五章 杭州近郊的桥

一时箫鼓闹如雷，
齐向长桥河边来

与市中心城区一样，杭州近郊也有很多古桥，不少保存至今，有的甚至还仍是当地的文化地标。当然，近郊所存续的传统文化活动要比城里多得多，类似"一时箫鼓闹如雷，齐向长桥河边来"等划龙舟、走桥祈福之类的民俗活动不时举办，河道运输也比城里繁忙，这使得座座古桥仍有着原有的角色。令人颇感兴趣的是，近郊的不少古桥还被更加充满想象、瑰丽多姿的民间传说所笼罩，浸染着不无浓烈的求知、求富、报恩、重孝等传统文化意味。往来便捷本是桥梁的基本功能，但在质朴的百姓心目中，其功能远不止这些。

一、祥符桥：碧水楼台浸远空

祥符桥，位于城北今祥符街道祥符村南街北，静卧在宦塘河上，自南向北连接着祥符直街和祥符北街，为五孔石梁桥。《咸淳临安志》卷二十一载："祥符桥……在余杭塘调露乡安溪奉口。"由此可知，此桥应始建于南宋或之前。

"祥符"有"吉祥的征兆"之意，"祥符"又是北宋真宗的年号，表明了当时的政治清明和经济文化繁荣（据此分析，此桥有可能始建于北宋）。现存的祥符桥桥下有明嘉靖年间（1522—1566）重修石刻题记，显然为明代重建。不可忽视的是，半人高的桥栏中部，外侧各雕刻"祥符桥"字样，其中一边是阴刻的篆体字"祥符桥"，另一边是阳刻的大楷"祥符桥"，似含有中国古代阴阳结合之象征意义，当然也有可能是各个时期留下的形貌特征。

有关祥符桥，民间有着不少传说，大多是宋室南渡时，高宗赵构南逃，在此被民众搭救；或者是清代乾隆皇帝下江南时，在此驻跸，遇到的种种奇事，基本上是民间善意的杜撰。

但祥符桥位于城北交通要冲，纵横交错的河汊、浜荡，新开运河和宦塘河从镇区穿过。自唐宋起，苏、湖、常、秀、润诸州纲运及米舟，都需经过这里才能抵达杭州，昔时桥畔的繁华毋需多言，出现若干奇事珍闻也在情理之中。北宋文人曾巩有首《钱塘上元夜祥符寺陪咨臣郎中丈燕席》，描述的就是这番繁华景象：

月明如画露叶浓，锦帐名郎笑语同。
金地夜寒消美酒，玉人春困倚东风。
红云灯火浮沧海，碧水楼台浸远空。
白发蹉跎欢意少，强颜犹入少年丛。

江南一带古石桥众多，但祥符桥拥有两大独特之处。一是祥符桥是杭州现存为数不多的石梁桥，即它是由每四块拼成一组、共四组石板组成，并采用整块的石条作为桥墩的石桥。除了石板有较强的支撑作用之外，这样的建造方法主要还是为了节省空间，减少桥墩对水流的阻力，有利于船只通行。说祥符桥是具有较高技术、艺术和历史价值的梁式古桥，一点也不为过。

成微拱的祥符桥

祥符桥覆莲望柱及须弥座桥栏

二是祥符桥的梁柱石板上镌刻有莲花浮雕，望柱上除了石狮还有石雕莲花的宝座，这在江南古桥中也是极其少见的。虽经岁月侵蚀，祥符桥上的莲花宝座浮雕已显残破，但仍可以看出其雕刻技法纯熟，形象生动，尤其是覆莲，样式与杭州南星桥遗留的宋代望柱形状类似，可知祥符桥的覆莲望柱很可能为宋代原物。除此，祥符桥的其中一组桥墩上也镌刻有莲花，上半部分为下垂的荷叶，中间留有空白的框，可能曾留有文字，下半部分则是数枝荷的根部，与上部的荷叶连为一体，如此创意并不多见，文物价值颇高。

"祥符桥，祥符寺前。"这句话至今仍在当地人之间流传，史志上也多有类似记载。祥符寺原名发心寺，位于祥符桥畔，建于南朝梁大同二年（536），宋真宗时赐改为"大中祥符寺"，应和开封改名祥符同一时期。可见，此寺的出现要远早于桥的建成。靖康之乱后，祥符寺毁于兵火，之后虽有重修，但如今已无踪迹。但祥符桥的桥体上所留下的浮雕图案，显然与佛家有颇深的渊源。这一点，应与祥符寺有关。

祥符桥在杭城西北，而在杭城东北，今上城区丁兰街道内，也有颇有故事的古桥，而且还是两座，分别名曰丁桥和兰桥。这两座桥与祥符桥似互为犄角，一起演绎着昔时那令人沉思的传奇。

丁桥和兰桥这两座古石拱桥，如今都已被移至上塘河支流备塘河南畔的丁兰公园内，它们是从附近的老丁兰集镇上移到这里的。要弄清楚这两座古桥的来历，就得从载入"二十四孝"的"刻木事亲"这一故事说起。

据元代本《二十四孝》第二十二个故事载："丁兰幼丧父母，未得奉养，而思念劬劳之恩，刻木为像，事之如生。其妻久而不敬，以针戏刺其指，则出血。木像见兰，又眼中垂泪。兰问得其情，将妻出弃之。"这便是孝子丁兰刻木事亲的故事。

相传东汉年间（25—220），有一位名叫丁兰的男子，因父母早丧，没有机会奉养父母，十分痛苦。为了表达对父母的思念，报答父母的辛勤养育之恩，他想出一个方法，即用木头刻成双亲的雕像，把他们当成还活着的人，供奉在家里。

有了双亲的木质雕像，丁兰遇到任何事情都会与木像商议，每日三餐敬过双亲后，自己一家人才可以吃。每次出门，丁兰也一定向双亲禀告；一回到家里，第一件事情就是来见父母，从不懈怠。

然而，时间长了，丁兰的妻子对这双亲木像越来越不恭敬了。有一天，他的妻子竟然不无戏谑地用针去刺木像的手指，而木像的手指居然真的有血流出来。丁兰回到家里拜见父母，惊讶地发现木像眼中垂泪。丁兰马上询问究竟是怎么一回事，妻子不得不说出实情。丁兰十分愤怒，因此将妻子休弃了。

百善孝为先。四邻八乡的人们得知了丁兰的孝道故事，大为感动，即在丁兰家附近建起了两座单孔石拱桥，一座叫丁桥，一座叫兰桥。他们想以这样的方式弘扬孝道，让世人记住应孝敬父母，尊重亲人。

元代《全相二十四孝诗选》在叙述完这则故事后，有诗赞曰：

刻木为父母，形容如在时。
寄言诸子侄，各要孝亲帏。

《二十四孝》原文中未点明这则故事的发生地点,也未说清丁兰为何方人氏。因此,千百年来,随着这则孝道故事的不断流传,迄今已有无锡、丰县、杭州、襄樊、临澧、马鞍山、巍山、莆田、潘溪、洛南、兴平、修武、固始、沁阳等地,都声称自己是丁兰尽孝故事的发生地,陕西省兴平市子孝村还建有丁兰墓,被列为省级重点保护文物。兴平市"丁兰刻木事亲故事"被列入陕西省级非遗项目。然而,这则故事的发生地是在杭州,也有诸多确凿证据。

南宋吴自牧《梦粱录》卷十五有载:"丁兰母冢故居在艮山门外三十六里丁桥之右。母死,刻木事之如生,冢在姥山之东。"南宋《咸淳临安志》卷八十七载:"丁兰故居,在今艮山门外三十六里丁桥。"正是因为这座桥,明朝起,这一带改名丁兰乡。

与祥符、丁桥一样,今西湖区留下街道亦为一座千年古镇。据传,南宋时,宋高宗赵构的一句"西溪且留下",使得这里出现了这座"留下镇",成为西溪两岸的集市贸易中心。明田汝成《西湖游览志》卷十有言:"西溪,居民数百家,聚为村市,俗称留下。"留下古镇的风貌可以概括为"一水穿镇,石桥横卧,傍河筑屋"十二字,显然是江南地区最典型的水乡小镇。镇上迄今仍存忠义桥、盈春桥、庆春桥、古灵慈桥等古桥,其中那座被称为"杭州第一古桥"的忠义桥,更是来此旅游的人们不可遗漏的"打卡地"。

忠义桥是今日杭州唯一的宋代桥梁原物,也是杭州现存最早的古石桥之一。这座桥的东侧拱板上,有一行模糊的题字,大致意思为此桥是为祝皇帝陛下万寿无疆,祈上天风调雨顺而建,落款为宋嘉定十一年(1218)。2019年10月16日,国务院公布了第八批全国重点文

留下河上忠义桥

物保护单位，忠义桥凭着上述突出的文物价值而名列其中。

明释大善《西溪百咏》中有《忠义桥》诗一首："兄忠弟义里中称，又布河梁便市民。云石合门桃浪暖，彩虹跨水化龙新。三桥还道中桥胜，两岸偏言上岸春。昔日淳风扬姓字，只今谁是问桥人？"清代吴本泰在《西溪梵隐志》中记述："忠义桥，溪市三桥，唯此最巨，居中虹起，石色光莹，宋孙侯所建也。兄弟恺笃，故名忠义。"两段文字所说是同一个意思，即宋时居住在这里的孙侯兄弟，为忠义之人，为让后代记住孙氏兄弟之人品、感情之笃诚，故精心建造了这座石拱桥。

忠义桥为单孔圆弧形石拱桥，东西向横跨留下河。长18米，宽3.5米，孔径8米，桥面铺设长条青石，东西石阶各为13级，拱圈由32块弧形条石砌成，桥面正中筑素面方形平台，拱券以分节并列式砌置，用7块长方形拱腹板组成一个轻巧的拱形结构。凡研究过此桥的

忠义桥长系石上的装饰

专家一致认为,忠义桥除了设计精巧、桥体结实之外,整座桥梁的精工细作,也是一个十分明显的特点。的确,这也是它能存续至今的最重要原因之一。

二、广济桥:一片清光两岸分

广济桥,位于今余杭区塘栖镇西北,又名碧天桥、通济桥、通济长桥,俗呼为长桥。它南北向飞架于京杭大运河之上,为古运河上仅存的一座七孔石拱桥。水平全长78.7米,两端宽9米,中部宽5.24米,既有利于航运,又不乏气势。

广济桥建造年代不详。隋唐时期运河凿成,同时有不少桥梁落成。塘栖时为江南大镇,极有可能同时建起了横跨运河的桥梁。因此,认为广济桥初建于唐,且建成于唐宝历至文德年间(825—888),这一说法由来已久。

清光绪间王同辑《唐栖志》卷三"桥梁"载:"通济长桥在唐栖镇,弘治二年建。"说明此桥于明代弘治二年(1489)重建。唐时筑成的广济桥旧桥因年代久远,在风雨中坍圮之后,并未马上重建,百姓只能靠船只渡河,这样的舟渡方式延续了很多年。

然而,依靠船只渡河毕竟颇为危险,尤其是在"疾风急湍"之时,由于渡船倾覆,常有人溺毙,"岁有

广济桥

三四"。当地百姓对死者自然不无怜悯,也一直想着重建此桥。但是当时河面宽阔,桥梁重建工程量巨大,需要耗费大量人力物力,所以长久没有人主动站出来,愿意承担主持重建此桥的任务。

明代弘治之初,一位鄞县(今宁波)商人,名叫陈守清,带着他的货船来到这里经商。他目睹这里船只渡河的危险情状,深感一座坚固的桥梁对两岸民众的重要

和迫切。

一日深夜,忽有暴风骤起,大雨倾盆。陈守清连忙跑到运河岸边去察看,但见河面上狂风呼啸,急浪冲天。而他的那条货船已经倾覆,船上的货物也都沉到水底。

陈守清的货船和货物第二天都打捞上来了,但经历过此事后的他,彻底下了决心,要帮助这里的人们重建广济桥。主意既定,他就行动起来。陈守清不但倾其毕生经商所得,把钱都拿了出来,还落发为僧,四方募钱,后来又得到江苏松江友人夏景昭的资助,第一笔造桥经费逐步募齐。

有了第一笔钱,陈守清便开始"买山采石,造舟起沉",重建工程正式启动。他的行为感动了包括当地百姓在内的许多人,大家都尽其所能出钱出力,重建此桥的资金陆续凑齐。至弘治二年(1489),此桥终于重建完工,两岸百姓从此又可以安然过桥。

陈守清募钱重建的广济桥,即是这座七孔拱桥,它的结构、形貌从那时起就没有变过,直到现在。

但这座桥建成之初命运多舛。明嘉靖庚寅年(1530)发现桥面开裂,当地人吕一素捐资修缮。嘉靖丁酉年(1537),当地人再次捐资重修。后来,在万历癸未年(1583)、天启丁卯年(1627)和清康熙乙巳年(1665),这座桥多次损坏,又多次修葺,在康熙辛卯年(1711),桥的北侧又出现损坏,由吴山海会寺僧朱皈一与如意庵僧大生募集资金修缮,至康熙甲午年(1714)十月,方才竣工。

可想而知,在接下来的日子里,即从清康熙年间至民国，这座桥又多次出现过毁损，并又经多次修葺，方才保存至今。不过，现存桥梁为明代始建之物，当是确凿的。

正是因为广济桥的宏伟和它在运河南端不可或缺的交通枢纽地位，所以历代多有文人雅士来到这里，留下不少赞叹广济桥和运河运输繁忙的诗文。明代朱麟有诗《碧天桥》一首："虹桥矗鳌柱，呼吸通座侧。灏气通星辰，水天长一色。"清代文人陆进有《巢青阁集》，其中一首《长桥步月》，描述的也是广济桥两岸之景色和桥下运河之繁忙：

一片清光两岸分，永明禅寺暮钟闻。
几群乌鹊归村树，数点帆樯出水云。

在当地人心目中，广济桥有着非同一般的意义，认为其超越了交通便捷之利，是塘栖一地的命脉。人们把此桥称为塘栖"龙鼻"。昔时，每逢正月十五元宵节，当地人除了吃元宵、迎花灯、猜灯谜之外，还有走桥祈福的民俗。清道光时人张仲甫有《唐栖观水嬉曲》诗，其中如是描述当时的情景：

一时箫鼓闹如雷，齐向长桥河边来。

广济桥北岸的水北街耶稣堂西侧，原杭州府水利通判厅旧址内，立有乾隆御碑一座。碑文所示，此碑立于清乾隆十六年（1751）正月初二。碑额镌有双龙抢珠石刻，碑身下有碑座。碑正文429字，款10字，碑文四周镌有云龙纹。

有趣的是，由于昔日水北街分属德清、杭县两县管辖，人们约定俗成，此碑被认为是两县的分界碑，以此碑为界，碑东为杭县，碑西为德清。后来，此碑被住户砌入围墙，只露出顶端一截，无法见其全貌。20世纪80年代，余杭文化部门进行文化普查时，对此碑进行了重新确认，发现碑上有"钦此"两字，便让全碑重见天日，并确认此碑为御碑。

此碑的来龙去脉是，乾隆皇帝南巡，主要考察江苏、浙江、安徽三省缴纳皇粮情况。查得苏、皖两省积欠额巨，而浙省未予拖欠。为表彰浙省，皇帝大笔一挥，蠲免浙省地丁钱粮三十万两。并将"圣谕"刻石，晓谕官民。把这座碑立于广济桥畔，是为了让更多人看到，而与两县分界无关。

同在余杭区，在余杭街道，另有一座古石拱桥，桥名与广济桥的别名相同，叫作通济桥。通济桥地处余杭镇区西北，以南北向跨于南苕溪上，本名北溪桥，俗称大桥。说起来，这座桥的外形也与广济桥颇为相似，只是形制比后者要小，为三孔石拱桥，拱券采用纵联并列分节砌置法，西边迎水面，桥墩外筑有两堵分水角，上方各开一个溢洪券洞，以备天目山洪水猛涨时泄洪之用，其设计极其科学。

清嘉庆《余杭县志》卷三载："汉熹平间建，名隆兴。五代钱武肃王重建，改名安镇。"又载："宋绍兴十二年建，以木为梁，元至正十八年，山寇纵火焚之。明洪武元年重建，通易以石，正统间县丞邱熙岳加石栏于两旁。"又"清乾隆二十二年邑人宋文瑞重修。嘉庆初年，抢水石（分水角）圮，在城绅士重甃巩固倍于旧"。这些文字十分清晰地记录了通济桥的建造和修缮过程。没错，读了这些文字，能感到这座桥的不同凡响。

通济桥始建于东汉熹平四年（175），距今已有

通济桥

通济桥分水尖

一千八百多年历史了。有人说，它很可能是浙江始建年代最早的古桥之一，此言确有其道理。五代吴越国时，钱武肃王下令重建，改名"安镇桥"。到了南宋绍兴十二年（1142）再次重建，方才定名为"通济桥"。其时，通济桥还是以木为梁，形貌与现存桥梁有异。

元至正十八年（1358），肆虐于这一带的土匪下山抢劫作乱，逃回山上之前，一是为了泄愤，二是为了躲避围剿，纵火焚桥。就这样，易燃的梁木很快化为灰烬，桥梁中断。

十年后的明洪武元年（1368），在县令魏本初的主持下，通济桥得以重建。这一回，弃用木梁，改建成了一座石拱桥。明英宗正统年间（1436—1449），余杭县丞邱熙岳让人在桥两边加装了栏杆，百姓来往过桥更为安全。过了两百多年后，清康熙五年（1666），余杭知县宋士吉对这座年久失修的桥梁，再次主持重修，予以加固。

时光流逝，古桥依在。到了清乾隆二十二年（1757），当地人宋文瑞又出资，重修已有破损的此桥。为了能使桥梁修缮的资金有个永久性的保障，也为了在当地兴办教育事业，宋文瑞等热心人士还在通济桥的两侧建起了若干商铺，以租赁收入来捐资兴学。商铺建在桥侧，桥面如同集市，更显热闹。对此，余杭县教谕（负责教育事业的官员）任昌运，曾撰一诗为此而赞：

通津桥跨大溪上，小店多开桥上头。
一路篮舆行地稳，不知鳌背架层楼。

有关通济桥，在当地还流传着一则"镇水菩萨"的民间传说。相传，古时，有一年大旱，人们不得不到通济桥下的南苕溪里用勺兜水，以此渡过难关。没想到百姓们此举，竟然触怒了神灵。神灵一发火，干脆停止了天旱，反倒遭来了浓厚的乌云，让这里下起了倾盆大雨。顿时，洪水袭来，天地间一片白茫茫。

站在通济桥上环顾四周，眼看着整座城就要被淹了，县官把自己的老婆和女儿抱出来，狠了狠心，从通济桥丢下南苕溪，当作祭品。可是失去了亲人，县官也不想活了，自己也跟着跳了下去。洪水很快退了，城池保住了，百姓们感激这位做出了巨大牺牲的县官，把他称为"镇水菩萨"，以此怀念。

值得一提的是，通济桥所处的余杭街道上，清朝末年，还发生过"清朝四大奇案"之一的"杨乃武冤案"。据说，当年杨乃武与小白菜也经常在通济桥上走过，这也让人们在来到通济桥时，涌上别样的一种历史感。

三、梦笔桥：自叹当年起舞心

> 梦笔桥边拥鼻吟，北图蹭蹬老侵寻。
> 不眠数尽鸡三唱，自叹当年起舞心。

这是爱国诗人陆游从蜀地抗金一线返回家乡，沿山阴道而来，在萧山梦笔桥畔驻足时，读到了北宋文人华镇所作《梦笔桥》一诗而写就的，为他《舟中感怀三绝句》中之一首，表达了他感慨家乡美景、感叹年华消逝和壮心不已的心态。

华镇也是会稽人，他的《梦笔桥》写家乡美丽的春景，流露出对获得"梦中之笔"的渴望，表达了对和平安宁生活的向往，很容易激起陆游的共鸣：

江寺前的梦笔桥

绿波日照晴无奈，碧草连天恨未消。
欲问梦中传彩笔，柳丝低拂曲栏桥。

据南宋《嘉泰会稽志》记载，梦笔桥始建于南朝齐建元年间，其后历经多次修葺。明万历《萧山县志》记述，梦笔桥在江寺之前，纵跨于城河（原萧绍运河）之上，唐会昌年间（841—846）曾倾圮，后于大中年间（847—860）修建。北宋天圣二年（1024）上任的甘肃陇西籍的李姓县令让寺僧募捐资金，重修此桥。现存桥梁为清代建筑。

梦笔桥位于萧山城区中心，凸显了城镇市井桥梁的建造风格。桥洞环成半圆，桥面左右石栏为素色条石横卧，沿桥势而立，不设望柱。两侧的桥坡各有七级石阶，中间设置了平台，坡度平缓，行人上桥不吃力。桥梁整体古朴简约、构思新颖、别具一格。

梦笔桥又称"江寺桥"，桥名显然与桥畔的江寺有着直接关联。江寺又称昭玄寺、昭庆寺、觉苑寺。南宋《嘉泰会稽志》卷十一载："初齐建元中左卫江公舍所居宅为大福田，斯桥之兴与寺偕始。"也就是说，江寺与梦笔桥是同年建成的。

江淹（444—505），济阳考城（今河南民权东北）人，家境贫困，读书刻苦，从小就写得一手好文章，人尊称其为"江郎"。凭借其文笔和为人之机巧，他获得了南朝宋、齐、梁等三代帝王的垂爱。

据说江淹吟诗作文，文思泉涌，常有奇文佳句出现，名噪一时。那一年，江淹被罢去宣城太守一职，回家途中，停船在建康（今江苏南京）的禅灵寺。

夜里，他梦见一个自称张景阳（西晋文学家）的人，对方对他说："我以前曾送给你一匹锦缎，现在你该还我了。"于是，江淹从怀中抽出几尺锦缎交给对方。那人却很生气，说怎么只剩下这么点儿了！对方正在埋怨，忽然发现丘迟（南朝文人）站在一旁，张景阳对丘迟说："剩下这几尺，也没什么用了，干脆就送给你吧。"

不久后，又有一次，江淹在一座凉亭里午休，又梦见了一位自称郭璞（两晋文学家）的人。那人对江淹说："我的那支笔，放在你这里已经很多年了，现在该还给我了吧。"江淹在怀里一摸，竟然真的摸出一支五色笔来，便把这支笔还给了郭璞。

没想到，做了这两个奇特的梦之后，江淹提笔题诗作文，再也没有之前那种文思泉涌的感觉了，已往的才气似已消失殆尽。这个故事便是"江郎才尽"这一成语的出处。当然，说江淹后来的才气彻底消失，这是不真实的。不过，"梦笔桥"的桥名就是由上述这则传说而来。

梦笔桥旁侧的江寺公园内，有一处崖壁，上有"湖山拱翠"四个大字，这也是很有来头的。清康熙三十六年（1697），奉天（今辽宁沈阳）人会以培莅政萧山。第二年游览湘湖时，他发现此地翠峰环抱，碧水盈盈，风景独好，是北方大地所不曾有，顿时来了诗兴，泼墨挥毫，写下"湖山拱翠"四字。后人将此镌刻在湘湖二坞崖壁。后旧迹被毁，遂把它移入"江寺公园"内，成为公园内的重要景点。

在萧山城区，梦笔桥只是众多古桥中的一座。仅在城河上，与梦笔桥同样纵跨其上的就有七座，从东往西一路数过去，依次为回澜桥、东旸桥、惠济桥、梦笔桥、仓桥、市心桥、永兴桥。上文说了梦笔桥，接下来再说说回澜桥、市心桥。

回澜桥位于萧山区城厢街道东门，南北向跨城河（萧绍运河）上，始建于清乾隆五十七年（1792），为单孔石拱桥。其桥名取自韩愈的《进学解》："障百川而东之，回狂澜于既倒。"这是一句比喻句，原意是说，阻止异端学说，就像防堵纵横奔流的各条川河，引导它们向东注入大海；挽救儒家学说，就像挽回已经倒下的宏大波澜，需要全力以赴。将"回澜"作为桥名，主要是取其本来意义，取其气势。

回澜桥又名回龙桥，传说当年乾隆皇帝游江南时，曾在此登岸，甚至有皇帝在此回头之类的说法。江南一带多有类似传说，不足为信。"回澜"与"回龙"两词发音相似，疑为错讹所致。

回澜桥拱券采用纵联分节并列砌置法，龙门石上刻"回澜"两字。桥拱两侧金刚墙用条石错缝叠砌，墙上用一对长系石、一对明柱。长系石顶端雕刻龙头，明柱上面镌刻有对联："半市七桥，足证东土人烟聚；一河六港，汇使南流地利兴。"落款"乾隆壬子秋孟月"。可见当时在城河上筑起七桥，是因为城河一带已成为萧山城内居民最集中、交通最繁忙的重要所在，此桥所处位置之重要性无疑更为突出。"乾隆壬子秋孟月"一句，纪年十分明确。

在萧山乡下，老一辈人对回澜桥有另一种叫法，竟然是"为难桥"。不仅是发音近似，更是指这座桥的拱顶特别高："它难道是一座'难为'穷人的桥吗？桥顶木佬佬高，穷人饿着肚子爬桥，爬到桥中间就爬不动了，这不是'难为'穷人吗？！"

的确，回澜桥是城河上坡度最大、桥梁拱顶最高的桥，南北两端各设台阶二十一级，是城河七桥乃至诸多古桥中，两边台阶较多的。事实上，回澜桥的桥洞之所以要造这么高，恰恰是为了方便乡下民众。

这是因为当时的桥梁设计者在建桥之初，发现周围都是田畈，乡下人摇船进城时，都会把稻草、麻秆装得老高。为让他们摇船进城方便，在设计时特意抬高了拱顶，且在南侧的拱桥下筑起纤道，专门给纤夫行走。这说明，回澜桥在建造设计时，考虑到了周边农民的交通需求，这在古代石拱桥中是较为独特的。

市心桥始建于南宋，当时称"都亭桥"。据南宋《嘉泰会稽志》卷十一，"都亭桥"后来改名为"真济桥"。明嘉靖《萧山县志》已经称呼它为"市心桥"，桥面东西有对称栏石。与其他六座石拱桥一样，市心桥也纵跨萧绍运河，南北向，位于今市心路与文化路交叉口。现桥为清道光十九年（1839）九月重建。

称该桥为"市心桥",原因十分清楚,即它正位于城区的中心,周围均是年代久远的商贸区和住宅区。自古至今,萧山老城区的地理位置、街区分布等并没有太大变化,具有千年历史的城河(浙东运河)的走向依然未改,以往的"市心"依然是市心。可以说,先前的市心桥至今仍是萧山老城区的地理中心。

不过,如今来到市心桥,首先看到的特有景观,是它竟有并列的三座桥,即古桥的两边已筑有新桥,西边的新桥用于通行汽车,东边的新桥仅供人行,中间的古市心桥两端现各存台阶五六级,仍是古色古香的老桥。如是,既可以保护老桥,又能保证交通通畅,应为文物保护之妙法。

四、恩波桥:四面好山青簇簇

恩波桥位于今富阳区富春路西端,东西向横跨富春江支流苋浦河,始建年代不可考。据清光绪《富阳县志》卷十一"桥梁"载,此桥原为木桥,旧名"苋浦桥"。

北宋太平兴国九年(984),木质的苋浦桥倾圮。治平二年(1065),由当地人孙道长发起,募集资金,重建此桥,改名为"通济桥",毕竟这座桥位于富阳老城墙西门外,连接着富阳老城区通往城西各处最便捷的道路,没了它,县城与城西之间的联系几乎会中断。

数十年后的南宋绍兴四年(1134),此桥老朽不堪,县令王衮主持重修,更名为"惠政桥"。没料想第二年,一场特大洪水袭来,惠政桥竟被冲进了富春江里。庆元二年(1196),县令蔡几主持重建,当地人谢震募集资金,重修后的此桥恢复了"通济"之桥名。

南宋嘉定年间（1208—1224），县令程珌曾在这座桥下放生，桥名改称"恩波桥"。

元至正十四年（1354），这座桥再次倾圮。明洪武十六年（1383），当地人姚福缘捐资，一是重建此桥，二是在桥上建起了十七间木板房屋，作为商铺。宣德十年（1435），知县吴堂重建木板桥屋。嘉靖四十四年（1565），县令施阳得主持，以石易木，把此桥改建为了石桥，左右夹以石栏，宽二丈余，长一百余步，里人周、柯、王辅协完成。清顺治十六年（1659）和康熙年间（1662—1722），此桥又由两任县令朱永盛、牛奂主持重修。清光绪年间（1875—1908），曾被改名为"永济桥"，但民间仍称之为"恩波桥"。

或许是因为恩波桥经历了多次重修重建，也或许是此桥对于富阳一地的重要性，有关它的传说故事在民间流传颇多，在此叙述两则。

恩波桥

昔时，苋浦上还没有桥的时候，来往唯靠渡船，遇到狂风暴雨或苋浦上游山洪暴发，渡船就不得不停航。后来，人们筹集了建造木桥的钱款后，请来造桥师傅开始打桩。没想到桥桩今天打好，明天就会倾倒，众人不得其解，有人甚至说这里有妖精作怪。

这天晚上，造桥师傅做了一个梦，梦见一位白胡子老人，对他言之凿凿地说："明天上午将会有一位女子来到苋浦边洗衣服，你请她到松树桥桩上摸一下，桥桩就会牢固。"

第二天，造桥师傅惊讶地发现，果真有一位女子来到苋浦边洗衣服。他便上前，把梦中的事向她说了。女子住在苋浦的西边，自然很想这里有一座桥，何况摸一下树桩，绝对是一件举手之劳的事，便马上答应下来。

女子从造桥的脚手架上走向水中，摸了几下松树桥桩。她是一位孕妇。在她返回岸上时，不慎滑了一下，动了胎气，腹中胎儿当即流产。

说来也怪，从女子摸过树桩之后，造桥的松树桥桩变得很牢固，再也不斜了，木桥也就很快造好。原来，这女子腹中的胎儿是个状元命，状元夭折，把精怪给镇住了。

这则有关恩波桥建桥过程的民间传说，分明说的是百姓们为它而做出的巨大牺牲；而下面这则，演绎的是百姓们无穷的智慧。

木质的恩波桥建成后经常被冲垮，人们觉得非造一座石桥不可。筹足资金后，石匠师傅也请来了，准备开工。原本的打算，是在苋浦河的中央造一座石墩，再从两边往中央搁石条。然而，跑遍附近石料场，就是采不到这样长的石条。众人真是急坏了。

那段时间，经常有一位陌生老人站在工地边看造桥，好客的石匠师傅不时请他一起吃饭。这一天上午，这位老人忽然说："你们这么忙，中饭我去做吧。"

到了中午，造桥的师傅和工人来到伙房，准备吃饭，竟然发现中饭并没有做，陌生老人也不见了踪影，只在砧板上有一盘切好的冬瓜。众人围上去一看，发现这盘冬瓜是在大冬瓜上切下来的，除皮后，每片切成一寸厚，上大下小，两边用钵头顶住，这冬瓜片就能按原样像弓一样环起，成为一座桥的造型。

恩波桥石狮子

石匠师傅顿时全明白了，这位陌生老人是一位神仙，专门来点化造桥的。从这盘冬瓜上，石匠们得到了启发，他们改变了原先造平桥的设计，而是把容易采到的石块打成切好的冬瓜片样，环起来，由此，恩波桥造成了石拱桥。

现存恩波桥是目前保存较为完好的明朝中晚期石拱桥，为东西向敞肩式三孔石拱挤，墩台上设小孔，桥面用条石错缝铺设。两侧设望柱、栏板，望柱雕刻垂莲、莲蓬、芙蓉及狮子等，形态生动。桥墩两面均有分水尖，这显然与恩波桥所处的位置有关系，一方面是让支流的水流向富春江，另一方面是为了提防富春江水位上涨，河水倒灌。

陈延龄曾于南宋嘉泰年间（1201—1204）做过富阳县丞，其喜好诗文，曾撰有《恩波桥》一诗，内有"富春胜趣景一幅，四面好山青簌簌。浙江逶迤向东来，千里平铺鸭头绿。老夫作官从此游，恩波阁道如虹浮。凭栏夜半玩星斗，会稽分夜天南头"等句子，对恩波桥畔的美景极为赞美。

的确，恩波桥地处苋浦河与富春江交汇处，景色非常秀美，尤其是在新雨过后，空气清新，远近景物都是那么的如诗如画，而晚上的微雨，声声敲打船篷，伴人睡眠，别有一番情趣。黄昏的苋浦河口，那处幽静的河湾，是渔船经常停泊的港口。落霞映着片片归来的白帆，阵阵唱晚的渔歌悠扬地飘荡，此情此景足以醉人。正因如此，古时，"恩波夜雨"和"苋浦归帆"均属"春江八景"。

上文提到的明代宣德年间的富阳县令吴堂，对"恩波夜雨"一景特别欣赏，撰有一首同题诗，诗文如下：

> 春风吹鹢远朝天，夜雨江村忆往年。
> 隔岸声传湘竹里，因风响落井梧边。
> 湿浸渔火人家近，寒入篷窗客梦悬。
> 重沐恩波归旧邑，愿分膏泽遍桑田。

清代文人胡恭的《恩波夜泊》，则对夜色中城畔恩波桥之幽静，作了淋漓尽致的描述：

> 霜满江城夜气清，市桥灯火隔烟明。
> 芦花深处扁舟泊，云影空中孤雁鸣。
> 星野低垂天万里，漏声初转月三更。
> 梦回欹枕闻渔唱，一曲潇湘楚客情。

不过，在民间，对"恩波夜雨"一景的出处，另有一种说法。说是当年的恩波桥上人流熙来攘往，各种小摊一字排开，叫唤声此起彼伏。摊贩留下的水滴，滴在夜间航行的船只上，形成了夜雨的场景，这便是"恩波夜雨"的来由，姑妄听之。

顺恩波桥一路往西，便是鹿山地界，这里的万龄古桥，曾经的声名不低于恩波桥。

万龄桥位于今鹿山街道汤家埠村，东西向横跨富春江支流九曲浦，南距富春江仅六十米，为单孔石拱桥。清光绪《富阳县志》卷十一载，万龄桥"在汤家埠，跨九曲浦，为金、衢、严驿道。明嘉靖间里人陈绍修。清朝修筑不一，至光绪间，邑宰周学基饬陈、闻等姓重修"。

万龄桥原先架设的是木桥，常被富春江洪水所毁，明嘉靖年间（1522—1566），汤家埠下埠头村民陈绍倡议众人捐资造桥，终于建起了一座石拱桥。因天长日久，桥梁毁损，清光绪年间（1875—1908），富阳县令周学

万龄桥

基下令让当地陈、闻等家族出资重修。

现存桥梁为清代光绪年间重修之遗存，保存完好。桥的四个望柱头雕有大狮子四只，小狮子八只（现其中一只已毁损）。朝南桥拱上刻有"万龄桥"三字，横搁的两根石桥梁上，刻有四个兽头，桥墩底两边刻有两条蜈蚣。

昔时的汤家埠是一处水路要冲。从金华、兰溪方向过来的货船，若遇上风大浪高的天气，为保行船安全，都会拐进九曲浦，把船停泊在万龄桥下。船家在汤家埠住上几天也是常有的事。渐渐地，这里成了富春江边一座重要的市镇。而横跨九曲浦的万龄桥，无意间把汤家埠街市分隔两半。

清时，万龄桥两边商铺林立，物畅其流。街边的店铺雕梁画栋，牛腿雕刻非常精美，而店面都是木头排门。九曲浦的东岸，还有一座关帝庙，庙的正面有戏台。由于万龄桥一带是水运和古道都经过的地方，南来北往的人们都会在这里驻足，这里便成了汤家埠最热闹的地方。

与万龄桥得名有关的，还有一则颇有趣味的传说。

说是这座桥刚造好的时候，有一顶载着新娘的花轿恰好从这里经过，大家觉得这是一个好彩头。由于这时桥还没有一个确切的桥名，大家干脆请新娘给桥取个名字。

起初大家觉得这是个难题，毕竟桥名取得新、取得好，还是蛮难的。没想到新娘子是个才女，她略一沉思，即脱口而出："新新娘子新新桥，千年太婆万龄桥。"

众人听了，一致叫好，这座桥便因此而得名。

万寿桥，又名万市桥，与上述万龄桥仅一字之差。同样，在富阳，它身上也有着"有了这座桥，而有了一座市镇"的故事。

万寿桥位于富阳万市镇万市村，横跨万市溪。民国《新登县志》卷六载：此桥"在槎源坞口，距万氏镇数百步。一名万氏桥，相传为贞女万月娘建，今人皆呼为万氏桥。清光绪二十三年重修"。又"按旧志列南新乡，明邑人罗贵募缘重修"。此桥的始建，是由当地一位寡居不嫁的万姓妇女出资，因此称万氏桥。此桥曾在明时，由当地人罗贵募集资金重修。这又说明，"贞女万月娘"始建此桥的年代，应是在明代及以前。

万寿桥为石砌双孔拱桥，系青石板铺成，两侧桥堍均有15级台阶。两桥孔中间有分水鳌头，以利排解洪水。

必须一提的是，正是由于万寿桥在此出现，竟因此孕育了万市这座市镇。清代和民国期间，这一带的水上交通主要靠竹筏，装载货物的竹筏通常逆葛溪（从北部山上流淌下来的渔洲溪、釜源溪、盘石溪三源汇合，至万市合流为葛溪）而上，至万氏桥卸货。擅长做生意的便在这里开店，形成市场，再形成市镇。因"市"与"氏"同音，后来便叫成了"万市桥"，镇名亦由此桥名而得。

关于万寿桥，还有一种说法，说明时万月娘始建的为老万市桥，后倾圮，现桥乃新万寿桥。

原先，万市村有两兄弟为山界纠纷欲打官司，在前往县城的途中路经万市溪，发现这里山溪水急，难以过溪，不得不折回，想绕路再前往。但一拖两绕，两兄弟的怒火渐渐熄灭，都觉得去县城里打官司，既破坏兄弟情分，又必然导致双方倾家荡产，便转身返回。

后经族人调和，两兄弟共同出钱建造此桥，造福于人，以求得双方和睦，康宁长寿，故名万寿桥。

五、夏禹桥：卧听滩声看白云

翠染南山拥县门，一洲横截两溪分。
长官日永无公事，卧听滩声看白云。

这是宋代诗人范成大的《昌化》一诗，写的是今临安一带山水相依、翠绿欲滴的景致，也写出了作者向往优雅闲适生活的愿望。在临安，这样的绝妙佳处有很多，夏禹桥就是其一。

夏禹桥，位于今临安区玲珑街道夏禹桥村内，现存的桥体为清嘉庆十三年（1808）改建的五孔石台石拱桥。

不要小看了这座貌似普通的石拱桥。据传，这座桥始建于大禹治水时期，那可是在距今四千余年前！倘若真是如此，不要说这座桥是今杭州各县市区中历史最悠久的桥，很可能在全浙江，其始建年代之早，也是屈指可数的。

民间传说，这座桥是大禹指挥手下的人建造的。由于地理位置的关系，这里是洪水下山的要冲，所以，当大禹在此指挥治水时，就站在了这座桥上。还有一种传说，说大禹乘独木舟南下经过这里，洪水顷刻退却，这条独木舟由此横搁在河上，成了一座独木桥。夏禹桥的桥名也由此而来。

不过，在明代《徐霞客游记》一书中，此桥的桥名是"下圩桥"。圩，如果是指防水护田的堤岸或有圩围住的地区，应该读"wéi"，但按杭州口音，把它读成了"于"的谐音。因此，不排除它的原名即为"下圩桥"，即在此桥的附近，曾有一段堤坝，护卫着村舍和田畴。"夏禹桥"一名为音讹而成。又，清宣统二年（1910）刊《临安县志》卷一"桥梁"中，称之为"下俞桥"，但周边的村庄里没有俞姓百姓居住，显然仍是音讹所致。

清时，附近的村庄里有一位名叫黄浩的村民，娶妻张氏。不料黄浩二十七岁时病故。张氏扶孤守节，寿年一百一十一岁方逝，人们认为她的长寿是因为她非凡的德行，钦仰不已。

后来，人们就在村庄的东首、这座桥的旁边为她立了石牌坊，以彰其节。其时，若有人要过桥，文官必须下轿，武官必须下马，所以这座桥的桥名又为"下舆"。宣统二年《临安县志》中，此桥确多被标为"下舆桥"。古语中，"舆"是车或轿的意思，后因谐音而讹成"夏禹桥"，这是"夏禹桥"这一桥名来源的另一种说法。

可见,若"夏禹桥"是由"下舆桥"音讹所得,那么所谓大禹站在此桥上指挥治水之类的传说,很可能就是虚构的。不过,那座为张氏而建的贞节石牌坊却一直留着,直至1966年被拆毁。

而清代的那座五孔石台石拱桥,在20世纪70年代,因公路胥高线的建设,也已被拆除,改建为公路桥。如今,在夏禹桥的原址上,已按原样重建了此桥,并在其周边建起了一座夏禹文化公园,成为当地一大文化地标。

第六章

桥名依在的古桥

翠幕烟绡藏不得，
一声声在画桥西

  岁月悠长，曾经的风景遭时光磨损，变得黯淡，甚至消失。城市发展进程中，包括古桥在内的老建筑退出历史舞台，往往也是无奈的事。倘若手中有一份清代的杭州古桥实有图，拿它与眼下的桥梁遗存相对照，就可以发现，已有三分之二左右的古桥不见了踪影。然而桥梁已失，桥名依在。清田穮《西湖柳枝词》云："短长条拂短长堤，上有黄莺恰恰啼。翠幕烟绡藏不得，一声声在画桥西。"那些隽秀幽雅的古桥景色，往往只留在了追忆中。然而，借助于典籍，借助仍存桥名的原址风貌，借助于前辈的回忆和依然流传着的故事，我们可以尝试重现它们的容颜，倾听和辨认曾从桥下传来的棹歌欸乃声。

一、井亭桥：水面谁家燕子还

  井亭桥原址位于今上城区解放路与浣纱路交叉口。此地有"甘泉井"，后又称"相国井"，井上盖有亭子，俗称井亭。此桥横跨清湖河（即浣纱河，现已填），正在井亭之东侧，故名。民国时，此桥一度称"迎紫桥"。20世纪80年代，相国井被发掘并予以保护，今仍存。

井亭桥是杭州古城发展的重要标识物，相国井是唐代杭城从南向北发展的标志。有了这些用于居民饮用的水井，杭州人摆脱了喝咸水之困，城市面积不断向北部扩大。明代，杭州城区即以井亭桥为界，桥南是钱塘县界，桥北为仁和县界，至清代，仍沿用此界。

李泌（722—789），字长源，唐德宗建中二年（781）起担任杭州刺史，历时两年有余。来到杭州后，看到这里的居民不得不长年饮用苦咸的井水，苦不堪言，觉得应该下决心改变这一状况。他得悉，杭州城区是由浅海湾演变而成的陆地，地下水很咸，以传统方式凿井，井水又苦又咸，必须采取别的办法。他想方设法，征发民夫，在杭州城内开凿了甘泉井、西井、方井、白龟井、小方井、金牛池这六口特别的水井，专供居民日常使用，终于解决了当时杭城市民饮水的困难。

与普通水井不同的是，李泌所开六井，是由入水口、地下沟管、出水口三部分组成。它采取了"开阴窦"（即暗渠）的办法，将西湖东岸（涌金门至钱塘门之间）疏浚，

相国井

把湖底挖成入水口，砌上砖石，外面打上木桩护栏，在水口附近蓄积起清澈的西湖水，有的水口还设置了水闸，再在入水口与出水口之间开挖深沟，安上竹管，使入水口与出水口相连，引湖水入井。这种水井类似于地下小蓄水池，面积较大，水量较多，水质清纯，很受居民欢迎。

甘泉井在"甘泉坊"之侧，是六井中最大的一口井。李泌任杭州刺史期间政绩突出，百姓称赞。李泌后官至宰相。为了表达对李泌的感激之情，杭城百姓把甘泉井改称为"相国井"。

后来，这六口井年久失修，至唐长庆二年至四年（822—824）白居易任杭州刺史期间，才又发动民众重新疏浚，六口井恢复了原有功能。苏轼于北宋元祐五年（1090）任杭州知州期间奏报皇帝的《杭州乞度牒开西湖状》中，对李泌筑六井的意义做出了详细解释："杭之为州，本江海故地，水泉咸苦，居民零落。自唐李泌始引湖水作六井，然后民足于水，井邑日富，百万生聚，待此而后食。"

因杭城地下水质变好，就地掘井涌出来的井水也能饮用，原有六井已无须再用。至明代，六井中有四井坏废，唯相国井和西井仍存。至清代，相国井和西井也都废弃而被湮没。辛亥革命杭州光复后，人们在井亭桥畔相国井原址用红砖砌了一个大井栏，以留下相国井的标记，原井后又被发掘。

宋代文人陈起曾有《井亭桥》一诗："桐花夹岸柳遮山，水面谁家燕子还。摩利阁边唐相井，濯衣人散暮潺潺。"所描述的应是井亭桥旁、浣纱河上濯衣人云集的景况，说明有了清纯活水的杭城愈发显得美丽可人，显现勃勃生机。

南宋时，孝宗赵昚长子庄文太子府即在井亭桥西。《西湖游览志》卷十三载："清风坊，宋称活水巷，有庄文太子府。"庄文太子名愭，是宋孝宗的嫡长子，乃郭皇后所生。宋孝宗为皇子时，他已拜蕲州防御史。

孝宗即位后，庄文太子升为少保、永兴军节度使，封邓王。乾道元年（1165）立为皇太子。《宋史》卷二百四十六载："太子贤厚，上皇（高宗）与帝（孝宗）皆爱之。"不料，乾道三年（1167）秋，"太子病暍，医误投药，病剧。上皇与帝亲视疾，为赦天下。越三日薨，年二十四，谥庄文"。年仅二十四岁的太子突然病逝，且是因太医误送药导致病情加重而死，显然是一场悲剧。太子葬礼十分隆重，孝宗亲自到场，葬礼后移棺宝林寺。

宝林寺旁是法因院，又是景献太子的行宫。景献太子名赵询，是宋太祖十一世孙，年六岁即进皇宫，任福州观察使。嘉泰二年（1202）拜威武军节度使，封卫国公。不久，被宋宁宗赵扩立为太子，拜开府仪同三司，封荣王。不料，嘉定十三年（1220）荣王薨，年二十九岁，谥景献。南宋王朝两位太子相继早夭，后继乏人。

顺便说一句，今南山路旁太子湾公园，即是南宋此两位早夭太子的攒园之地。

横跨清湖河的还有龙翔桥，始建于宋，时称"安济桥"，位于清湖河之支流西河（后称武林河，今已填）上。

此桥易名为龙翔桥，与南宋时建起的龙翔宫有关。南宋第五位皇帝为理宗赵昀，但他不是前任皇帝宁宗赵扩的嫡子，而是流落民间的宋太祖赵匡胤一系后代，后被奸臣史弥远从绍兴发现，被立为宁宗之弟沂王的嗣子。

龙翔桥

理宗赵昀在登基之前，被史弥远安排在后市街一座破房子里居住。宁宗去世之前，史弥远篡改遗诏，废了原来的太子，赵昀才摇身一变，从原本的平民百姓变成了一国之主。这是一桩南宋时的朝廷丑闻，只是当年被封锁了消息，知情者都不敢言。

赵昀即位后，把自己曾经住过的地方赐名为"龙翔宫"，"龙"自然是自称，"翔"意味着自己即将摆脱史弥远的控制，那座破房子当然也被彻底修葺。

南宋灭亡后，龙翔宫被元朝官员使用，但不久后遭大火焚毁。元朝官员将它易地重建，便建在了安济桥附近，安济桥也便被改唤成龙翔桥。其实，此时的龙翔宫还有另一个名称"开元宫"，但叫熟了的百姓仍称其为龙翔宫。元代文学家揭傒斯《开元宫碑诗》曰："元兴龙翔，大拓疆土。四海八荒，咸觐其主。"说的就是这件事。

清筑旗营时，龙翔宫被毁。1973年因修筑龙翔路，龙翔桥也被拆除，但作为一个地名，一直留在杭州人的生活中。

龙翔桥之北，有长生桥，亦跨浣纱河，原址在今长生路与东坡路交叉口，始建于宋。南宋时，此桥曾称"长生老人桥"。桥西曾有霍使君祠。霍使君祠亦称显忠庙，是后晋天福间（936—944）吴越王所建，用于祭祀汉大将军霍光。

霍光，霍去病同父异母弟。汉武帝临终时，拜大将军、大司马，受命托孤辅政，封为博陆侯。辅佐汉昭帝，解除上官桀拥立刘旦阴谋，昭帝死后废立昌邑王刘贺，拥立汉宣帝即位，掌权摄政，权倾朝野。

与龙翔桥一样，小车桥也位于浣纱河之支流西河上，在龙翔桥西北。

南宋时，此桥之南建有景灵宫，宫前有车马门，是皇帝车马进出之处，车桥之名由此而来。车桥在此原有两座，较大的一座叫"大车桥"，较小的那座叫"小车桥"。两座车桥的具体位置在今武林路与庆春路交叉口。

小车桥南有风波桥，风波桥始建于宋，跨浣纱河。桥边建有南宋大理寺，并设有关押要犯的大理寺狱，引西河水作狱墙护河。狱内有风波亭，南宋绍兴十一年十二月二十九日（1142年1月27日），抗金名将岳飞被害于风波亭。

宋亡后，小车桥为历代监狱所在地，几乎成了杭州监狱的代名词。清光绪二十七年（1901），法部大臣沈家本奏准各省改置新监，责令建设模范监狱。宣统元年

位于圣塘闸景区的风波亭

（1909），法部行文限期各省新监"统须于宣统三年前一律告竣"，并严定"以此为考核各省成绩之据"。宣统二年（1910），浙江新监开工。次年，因经费困难，工程缓建，延迟至1911年8月建成。杭州光复后，浙江模范监狱改名为浙江省监狱。1914年5月，浙江省监狱改名为杭县监狱。1917年1月，杭县监狱改名为浙江第一监狱。民间俗称"小车桥监狱"。监狱大门朝东，门前有西河，以桥通法院路（今东坡路），与西大街（今武林路）拐角相临，地址为小车桥1号。1949年5月9日，杭州市军管会、公安部军代表接管了已改名为"民国浙江杭州监狱"的该监狱，在原址设立杭州市人民法院改造所。

小车桥地块设置监狱的历史一直延续到20世纪80年代。监狱外迁后，这里建成了多座商业楼厦。

二、开元桥:暖沙还付白鸥眠

开元桥始建于宋,宋时称将军桥,清代一度称莲花桥,后又称开元桥。横跨于浣纱河南段,桥址在今开元路与定安路交叉口附近。

宋时,开元桥下的浣纱河南段与西湖直接相通。浣纱河的水道上还架有多座竹桥,河道边还有河埠多处,景色怡人。据传康熙皇帝在四十八年(1709)南巡杭州时,曾乘御舟从行宫前码头下船,顺此水道进入西湖。

浣纱河南段的一部分原为涌金池,吴越国期间所凿,连通运司河(已填,今劳动路)与西湖,南宋时又延伸。这条水道西通西湖处为涌金闸,或曰涌金水门(原址在今大华饭店南侧),向东流经开元桥,南边连三桥址河,北通浣纱河。据史料记载,明成化十三年(1477)开涌金水门,可以让船只直通西湖,至清康熙四十四年(1705),为使御舟游湖出入,织造监督孙文成又大启水门,引西湖水入城。

宋代文人施枢有《涌金门外》一诗:

柳丝舞困起炊烟,罗绮相催欲上船。
贵冶亦知春有夜,暖沙还让白鸥眠。

此诗虽然描绘的是涌金门外西湖边的景色,但开元桥距此不远,加之当年浣纱河河面宽阔,湖边城郭的幽雅春色还是相同的。

清时,湖滨一带筑起旗营,旗营的墙筑于这座桥上,此桥成了旗营的南墙基。辛亥革命后,清旗营被拆除,在原南城墙的墙基上新辟道路,西至今南山路(当时亦为拆城墙而建），东连至青年路（原名杭县路）。因道路中段是横跨浣纱河上的开元桥，故名开元路。

1914年6月，袁世凯封时任浙江都督朱瑞"兴武将军"，令朱瑞都理全省军务，朱瑞遂翻建原清旗营将军署，改名为"兴武将军署"后入驻，开元桥改名为兴武桥，开元路一度也被称作兴武路。

朱瑞为浙江海盐人，曾加入光复会并参加了秋瑾的革命活动。清光绪三十三年（1907）秋瑾被害，朱瑞受到怀疑，为逃避当局的追究而逃走。宣统三年（1911）11月4日，为了响应武昌起义，革命派在浙江发动革命。朱瑞率军攻占军械局，光复杭州。

但1915年护国运动爆发后，朱瑞的态度有所变化。后来随着事态进展，朱瑞无论如何也未能做到旗帜鲜明，打算发表"中立"宣言。由于他的态度暧昧，与浙江省内各界支持护国军舆论未能保持一致，当年4月12日，吕公望等护国军支持派发动政变，浙江讨袁军第2旅旅长童葆暄率众围攻浙江将军署，朱瑞逃往上海。

随着朱瑞形象的逆转，1928年，兴武桥又复称为开元桥。1971年，涌金水道与浣纱河一起被填平，开元路拓宽，开元桥从此湮没。

浣纱河南段桥梁不少，"鞔鼓桥"就是其中之一。因"鞔"的读音与"蒙"相近，因此不少杭州人往往把这座桥误读为"蒙古桥"。

至20世纪60年代末，鞔鼓桥还横卧在浣纱河上，然而到了1970年，它与浣纱河上另外的古桥，譬如泗水芳桥、洪福桥、平海桥、板桥等一起，在"填没浣纱河，改建防空隧道"的工程中彻底消失。

"鞔鼓桥"始建于宋，位于今浣纱路与仁和路的交会处。"鞔"的意思是把皮革固定在鼓框周围，做成鼓面。有关这座桥的来历，民间传说是有一个从山东过来的老年盲人，有一次在此路过，听见正在修建太学的工匠击鼓开饭的声音，便止住脚步，说"适闻鼓声，此地官气甚旺"，而且永无火灾，但不能出宰相。因为有了这句吉言，不少人搬迁至此居住。后来，太学的鼓坏了，有人在桥边空地上搭棚造新鼓，鞔鼓于此，桥名因此而来。

不过，明代田汝成在《西湖游览志余》卷二十二中却载："嘉泰中，高文虎为祭酒，欲为陈自强之奉，遂谓鼓坏，请更鞔之。未几，自强正拜，遂以为更鞔堂鼓，而自强破揆席之荒也，名其鞔鼓之所曰鞔鼓桥。"也就是说，南宋时，陈自强在此鞔太学之鼓，结果后来当上了右丞相。

宣化桥在开元桥之南，位于今西河坊街的旧仁和署路口，为清湖河（浣纱河）的起点。清湖河的水源，主要来自吴山上，通过流福沟，由清波水门的暗门流入。流福沟的流水到了宣化桥下，再往东流到今吴山广场西口，拐北顺运司河流入涌金水门西来的流水，山水湖水两股水由此融为一支。

宣化桥边的最重要建筑即为杭州府治。明清两朝的杭州府治旧址南起河坊街西段，北连三衙前东端，即今河坊街与旧仁和署交界的东北角。清代的杭州府为浙江省会兼杭嘉湖道治所。府治钱塘、仁和。

泗水芳桥同样位于浣纱河南段，靠近今开元路，东西向横跨浣纱河。此桥原名"泗水桥"或"施水桥"，改名为"泗水芳桥"可能与朱熹那首"胜日寻芳泗水滨，无边光景一时新。等闲识得东风面，万紫千红总是春"诗有关。

20世纪20年代，旗营被拆去，旗营墙拆去后成了街巷，恢复了部分河流，原有的传统砖木式民居被拆除，建起了一批坊巷式建筑群。新建的楼厦、坊巷都富有当年的特征：青砖、高墙、新式门窗、石库门式。

其时，紧贴泗水坊的浣纱河及南段还存在着，这条河流的水是整个杭城最清澈的，人们在河里洗菜洗衣，但并不妨碍河里鱼虾的孳生。泗水芳桥地处浣纱河向西转弯的弯口处，站在桥头，向北可以看见浣纱河两岸的柳树桃树，掩映在树丛后面的屋舍，向西则能看见涌金门的城头，波光粼粼的西湖湖面透过城头和水闸，依然能瞧得清清楚楚。从这个角度来说，泗水芳桥头是观赏湖景、河景以及城景的首选地之一。

不过，从20世纪30年代末期开始，人们说起泗水芳桥，就会自然而然地想起泗水坊是一处人间魔窟，因为这里是侵华日军慰安所。

据专家考证，侵华日军在浙江设立慰安所至少有150余处，其中杭州城内就有13处以上，如湖边村的"长生楼慰安所""鹤屋慰安所"等，但旧址如今均已不存。泗水坊（今称"泗水新村"）的几栋老建筑已成为杭州仅存的、国内为数不多的慰安所旧址——"关门庭慰安所"。1939至1945年间，日本人在这里关押了六十多名慰安妇，其中三分之二为朝鲜人，三分之一为中国人。

泗水坊的房子有着浓厚的日式风格。当年，日军占领杭州后，看中了泗水坊这块地方离西湖近，就从日本运来水泥和钢筋，按慰安所的要求，建起了多幢日式建筑，而建造房子的劳工都是中国人。从保留至今的两幢慰安所房屋来看，很多房间的木板门还是长长的日本式样，门上有一些特殊的铁框（据说是日本人领标，从此处递给慰安妇的），一些"井"字形的玻璃窗也都是日式。而围墙里的一排平房是当时看守的日本兵住的。据这里的住户回忆，以前，这房子的墙壁上还写有"慰安所"之类的字样，现已无迹。

年长的人回忆，当年，光顾这处慰安所的日本人很多，日本兵都是凭票才能出入的。晚上，一些寻欢作乐完了的日本军官肚子饿了，还叫人到吴山路上买夜宵从侧门送进去。在泗水芳桥上，还停留着不少黄包车，供在这里消受的日本人出入。

1971年，浣纱河整条河流被填掉，新建或拓宽了浣纱路、开元路、定安路、龙翔路等，泗水芳桥与在这条河上的其他桥梁一样，从此消失。

三、天水桥：忠血长流愤未消

天水桥始建于宋，单孔石拱桥，南北向横跨市河城北段，桥面由大块青石板铺成，桥两侧有多级台阶。宋时称天水院桥，元称岁寒桥。过了天水桥，南宋御街（今中山路）由此折西，市河（北段20世纪60年代被填埋，南段为今光复路，1936年被填）也折往西，汇入西浣纱河（今中河的一部分）再入城河。南宋时，桥东为皇城修内司绸兵营，桥西有草料场，桥北为省仓上界及六部架阁库。

在历史上，"天水"一词往往指代宋朝，把宋朝称作"天水一朝"是一种尊称。《宋史》卷六十五曰："天水，国之姓望也。"即宋朝的国姓是赵，今甘肃天水是赵氏的郡望。同时，天水又是嬴秦发源之地，历史上即有"秦赵一家""秦兄赵弟"的说法。"天水"这一地名的来历，源于一个传说。

据说先前这里"山水灵秀，林木密茂"，但汉初因天气干旱，田地常常颗粒无收。某日，随着一声巨响，大地裂开了一条大缝，天上的雨水直接倾泻入裂开的大缝中，形成一湖。人们认定此湖与天河相通，便取名为"天水湖"。此事传到汉武帝耳中，此处被认为是吉祥之地，汉武帝亲自赐名"天水郡"（原名邽县、上邽县）。赵宋王朝高度认可这一说法，并为此而自豪。其时，一些极其重要的庙宇等场所，也被冠以"天水"之名。

南宋时，天水院桥一带已散落有不少重要建筑，也有民居杂陈其间，但整体上还是冷僻的城边。清代文人钱琦曾任福建布政使，致仕后居住在天水院桥北的一亩田。"一亩田"为小路名，原址在南湖（今水星阁，又名白洋池）之南，附近有莲社院，院内有古桂，院外是茭白田，田里茭鸡（青蛙）声声，环境幽邃。其《归田八首》之一有云："积岁频叨锡类恩，版舆今得奉晨昏。池开砚北窗临水，桥近梅东路似村。"他把自己的宅院描绘成背靠城郭，面朝河流，"低窗竹屋得高眠"的清闲幽雅之地，以此感谢皇帝隆恩和天赐福分。

按着钱琦的描述，当时的天水院北，是一个充满野趣的地方，大片的池塘、悠悠的小河令人陶醉。向南望去，可以看到梅东桥（今梅登高桥），中间没有任何阻隔。尽管已在城门内，但屋宇之间的道路完全像是村野小路，通往梅东桥的那条小路更是狭窄蜿蜒。这样的地方，最适合坐着木质的轻便坐车（钱琦诗中的"版舆"）出行了。

还需提及的是，据《咸淳临安志》载，南宋时期，临安城内军督司巷、仙林桥、二圣庙前、长庆街一带，已兴起大批民营官织的丝织作坊，在葛家桥（田家桥）北涌现出许多丝行，而天水桥一带还形成了绵绸市场。绵绸乃粗绸，是用碎丝、废丝等纺成丝后织成的丝织物。原价低廉，质地厚重，深受下层百姓喜爱，所以有"织绵织线为之者，谓之绵线绸，土人贵此"一说。

元末，由湖北蕲水、黄陂等地的农民为主的红巾军起义，横扫湖北、安徽、江浙等地。至正十二年（1352）秋，红巾军一部从徽州一路攻打，即将攻入杭城。浙省参政樊时中（字执敬）率兵抵御，在天水桥与红巾军展开巷战，樊执敬战亡，令元廷大惊。

清《钱塘县志补》对这一段历史也有记载：樊执敬率兵与红巾军战于天水桥巷，樊执敬战死，其妻与子溺于西湖。樊执敬死后，姚园寺僧立祠于天水院，岁时有祭。杨铁崖为文记之。元末文人王逢（一号梧溪子）有诗写樊执敬曰："大参身死岁寒桥，忠血长流愤未消。一片王孙烟草色，岳坟松柏共萧萧。"因为此诗，天水桥又称岁寒桥。

按《元史》卷一百八十八《董抟霄传》所载，樊执敬战亡，杭城岌岌可危之际，朝廷命令江浙行省从征官董抟霄攻取濠州（今安徽凤阳），接着又命令他率军援助江南。董抟霄便率领军队渡过长江，到达浙江湖州德清县境内时，得到的消息是从安徽徽州、江西鄱阳过来的红巾军已经攻陷了杭城。

此时，行省派遣在军中的官员问董抟霄该怎么办，要不要先让部队休整一下？董抟霄回答："这些红巾兵都是山野之众，看见杭城里有这么多锦衣玉帛，都是平日里从来没有见过的,肯定会趁机享受,根本没有时间作守城的准备,这是最适宜我们进攻的时候。"

没在德清休整多久,董抟霄马上率兵大举进攻杭州,并以凌厉的攻势与红巾军作战。

董抟霄率兵杀到盐桥,有红巾兵守卫在桥上。董抟霄带着一支精兵作为突击队,冲在最前面,他自己连续斩去了多名红巾兵的脑袋。跟着他们的几支元军队伍也采用夹击之法,把红巾军包围了起来。经过七次进攻,追杀得红巾兵一直退到清河坊。

在董抟霄率兵猛攻之下,剩下的红巾兵不得不逃入接待寺。董抟霄便指挥兵勇堵塞住寺门,采用火焚之法,躲在里面的红巾兵被烧死,红巾军由此兵败。

据此可知,在这段元末的杭州战事中,天水桥是一处极其重要的节点,它的"知名度"也因此而陡升。

1960年,市河天水桥至武林路河段被填埋,天水桥被拆除,仅存一地名。

同在市河上,棚桥一带的兴盛也在南宋时期。此桥始建于宋,因附近有棚心寺,遂得名"棚桥",位于南宋时期之新安坊,原址在今光复路与平海路的交叉口。南宋时期,随着城池向北发展,这里成了颇为奇特的地方。一方面这里商贸发达,经籍铺、酒楼、勾栏瓦肆云集,乃城中颇为热闹的地方;另一方面,这里又经常是处决犯人的地方,民间甚至以"阴山道""鬼门关"喻之。

死别十年余,棚桥酒罢沽。
几椽摧老屋,何处住遗孤。

汝幸书香继，家犹儋石无。
　　那堪迟鹊起，望眼九京枯。

这首由清代文人夏之盛所写有关棚桥的诗，记的虽是家事，但从中也能感受清代棚桥一带的景况。棚桥周边居然还居住了不少文人墨客，但生活潦倒，连酒都买不起，唯有把希望寄托在后代身上。这首颇为伤感的诗作，写出了在街市苦挨时日的清代文人的窘境和伤怀。

　　观桥在棚桥之北，也位于市河上，又被称作"贯桥"，旧址在今中山北路与凤起路交叉口之西。说起观桥，其历史颇为悠久。《西湖游览志》卷二十载，吴越王钱镠建杭州观桥，且在桥梁上留有题刻："吴越王宝正六年（931）辛卯四月八日，因建钱明观，造此石桥，吴越国王记。"

　　所谓"钱明观"，是指晚年时钱镠因眼睛不好，所改建的一处庙宇，规模宏大，有讨吉利之意。钱明观前侧的桥即为"观桥"。

　　当年观桥一带的风光还是不错的，及至清代，观桥一带仍有"宝观十景"可欣赏，"观桥春水"即为其一。当时的文人贾愚曾为此有诗曰：

　　门前流水绿迢迢，春抹鹅黄上柳条。
　　半夜雨声浑似洗，一篙新涨欲平桥。

　　说完了市河上的天水桥、棚桥和观桥，依此河南行，同在市河南段的水漾桥和炭桥也值得一说。

　　水漾桥的得名有些奇特。这一带在南宋时称兰陵坊，为杭城繁华地段。内有一座永清桥，始建于宋，东西向

第六章　桥名依在的古桥

169

横跨在市河上。与该桥相对的一条巷子名曰水巷，永清桥便被人们改唤"水巷桥"，久而久之，又被音讹为"水漾桥"。再后来，那条巷子也被唤成"老水漾桥"。

据载，宋淳祐年间，水漾桥及附近极其繁盛，手工杂货铺林立，成为昔时一景，主要的店铺有戚百乙郎颜色铺、郭医产药铺、彭家温州漆器铺、徐家绒线铺、阮家京果铺、俞家冠子铺等，都是全杭城有名的。

炭桥建于隋唐时期或之前，附近曾有炭市，桥名由此而来。它东西向横跨于市河之上，与此桥相接的为芳润桥弄。在杭州城池发展史上，炭桥曾担纲过重要角色。

众所周知，隋文帝开皇九年（589）置杭州，州治初设于余杭，次年州治自余杭移址于"钱唐城"（即吴山东麓的新城戍，为兵营驻地），开皇十一年（591）移州治于柳浦西凤凰山麓，依凤凰山筑城，周长三十六里九十步，城垣东临盐桥河（今中河），西濒西湖，南达凤凰山，北抵钱唐门，东划胥山于城外，西包金地山、万松岭于城中。其城门一共有四座，即钱唐门（至清犹存）、盐桥门、炭桥门（皆在盐桥河以西，至五代吴越时犹存）、凤凰门（应在凤凰山下，今凤山门附近）。由此可知，炭桥门是隋唐时期杭城的东门，城门外的炭桥之重要由此可知。

炭桥上曾建有真武庙。真武庙俗称上帝宫，为道教庙宇，祀真武大帝（玄天上帝）。真武大帝为道教神仙中赫赫有名的玉京尊神，民间称荡魔天尊、报恩祖师、披发祖师。南宋、明代时真武庙极盛，前来炭桥祭祀真武大帝者甚众，也使得这里成了一个热闹的去处。民国时，炭桥上的真武庙渐渐毁圮。

南宋及元几次拓城之后，炭桥及炭桥门的重要性逐渐降低。民国时期市河被填，炭桥消失，但地名仍在。直到现在，年长者仍把今解放路至清泰街中间的一段光复路，称为炭桥。

四、众安桥：曾见凄凉亡国事

要识人间过去愁，春宵风雨到湖楼。
如今此恨无分处，应有知人在后头。

南宋时，朱熹好友、诗人汪莘来到杭州，寓居在清湖桥畔。夜半，春雨敲打屋顶，把他从梦中扰醒。他推窗望去，但见清湖桥那弯半月形的桥拱，浮在一片昏暗中。不由得就联想起了世事的变迁、个人的烦愁，让他在苦闷中无法自拔。

然而，在"此恨无分处"之际，汪莘还是抱着一丝对未来的期冀，希望后来的"知人"能在"国破山河在"的危境中奋起，来改变朝廷内部的纷争，来摆脱国家蒙受外族入侵之苦难。这是他心中的希望，也是他的信念所在。这首《寓清湖桥夜枕闻雨》写的当然不是一场不期之雨，也不是黑暗中的桥，而是借助于这些意象，来抒发自己的内心所想。

清湖桥在杭州八字桥西侧，这座八字桥并非如今松木场北的八字桥，而是在清湖河（浣纱河）上，约莫在今众安桥之西南。其时，清湖河在此分了两支，一支向西，分别通往钱塘门和余杭门，一支向东，通过清湖桥、众安桥等桥梁之后，与中河相连，即东浣纱河。这一带，南宋时有沂靖惠王府、睦亲宅等豪门宅院，也有不少旅舍客栈、酒楼茶铺，四方来人经常在此消停。但如同那座雨中的桥，白天人来人往，十分热闹，晚上仍是那么的寂寥，任凭雨打风吹。伤心人有很多话要说，却又不知向谁说。夜半醒来的汪莘，就处在这样的心境中。

与上文提及的清湖桥等各座桥梁所处地理位置不同的是，众安桥、有玉桥等都位于东浣纱河，靠近今中山中路一带，众安桥的原址即在今庆春路与中山中路交叉口。此桥始建于南宋，此地乃南宋御街所经，是皇帝至景灵宫行孟飨礼必经之处，昔时此桥的重要性可见一斑。

北宋元祐四年（1089），苏东坡知杭，曾捐出俸银五十两，倡导民间集资，并力推官府提供资金，设立安乐坊。其时，由于人口稠密，加上连年灾害，杭州瘟疫流行。这一瘟疫的症状是手脚冰凉、腹痛腹泻、发热恶寒、肢节疼肿，不少人因此死亡。苏东坡集资开办的这所安乐坊相当于现在的公立医院，为民众提供医疗服务，还专门为穷人提供"圣散子"等药物。据载，苏东坡在杭任职的近三年时间里，安乐坊共治好了一千多名病人，大多为瘟疫患者。

众人感念苏东坡为大家开办安乐坊的功德，把安乐坊附近的这座桥称为"众安桥"，意即"众生安乐"。

值得一提的是，安乐坊及其运作模式引起朝廷的极大关注。崇宁元年（1102），朝廷开始在各地设置安济坊，专为穷人治病。崇宁初年，杭州安乐坊也改赐名"安济"。这是苏东坡在公共卫生医疗服务上的非凡贡献。

南宋时期，众安桥之南有北瓦，内设勾栏十三座，能同时演出杂剧、傀儡、相扑、皮影、杂技、踢弄、散耍、覆射等三十多种节目，尤其是在元宵灯市，这里更是游人如织。因之，附近食铺众多，主要为观戏者提供酒食。明时，众安桥又成为瓜果、鱼肉集散地。及至20

第六章 桥名依在的古桥

众安桥旧影

世纪 80 年代，众安桥依然是杭州城内店铺颇为集中的商贸中心区域之一。

南宋绍兴十一年十二月二十九，岳飞被毒害于大理寺狱风波亭，接着，朝廷又在众安桥杀害岳飞义子岳云和爱将张宪。相传，殿司小校施全对奸臣秦桧之无道十分愤恨，伏于桥下刺桧未成被磔，后人在众安桥上立忠烈祠，在十五奎巷建有施将军庙。

汤阴县《岳飞庙志》记载的这段"施全刺秦"故事较为详尽：施全，钱塘（今杭州）人，原为殿司小军官，对秦桧主和误国，谋害岳飞极为仇恨，岳飞被害后的第九年即绍兴二十年（1150）正月，施全挟刃藏于众安桥下，待秦桧乘轿赴朝路过时，直前行刺，未中被捕，秦桧亲审。施全正气凛然，破口大骂："举天下皆欲杀虏人，汝独不肯，故我欲杀汝也。"秦桧大怒，将施全处以极刑。

据宋代笔记传奇记载，施全持刀行刺秦桧时，"斫之，断桥子一柱，而不能伤"。也就是说，当时施全是用足了力气砍杀秦桧的，连桥柱都被砍断了一根，却没能刺中秦桧，这份遗憾无以言表。不过，从这一细节中也可得知，桥柱既然能被马刀砍断，则其定是竹木而非石质。桥柱为竹木，则整座桥梁很可能是用竹木搭成。

清道光年间（1821—1850），为重修栖霞岭下岳飞庙墓，朝廷追寻岳飞初葬地。同治六年（1867），典史吴廷康根据民间传闻，认定众安桥河下为岳飞遗骸初葬处。经过一番寻找，终于在众安桥螺蛳山下扁担弄内的红纸染坊旁，找到了最初的岳坟。光绪二年（1876），朝廷在众安桥修建"忠显庙"，杭人俗呼为"老岳庙"。

南渡偏安，瞻王气、中原消歇。叹诸公，经纶颠倒，可怜忠烈。曾见凄凉亡国事，而今唯有西湖月。睹祠宫宰木尚南枝，伤心切。　人生易，头如雪。竹简汗，青难灭。挂乾坤要使，金瓯无缺。后土漫藏遗臭骨，龙泉耻饮奸臣血。恨当时无奈小人朋，盈朝阙。

这是明代政治家、文学家夏言为纪念岳飞而写下的《满江红》，内中不无激愤之辞。的确，忠良被害，山河破碎，这是一份久久不能弥合的伤痛。

民国二十五年（1936），因填东浣纱河建路，众安桥被废，但桥栏仍存。1992年庆春路改建时，桥栏终被拆除，此桥彻底无存。

江南多水，杭州多桥。桥成了古人诗词中一个重要意象，以此展现他们的处境，显露他们的心境，寄寓他们的情感。以桥入诗，桥诗相融，成为杭州历代诗词一个颇为鲜明的艺术特色，也映现了那些跌宕而苍凉的年月。

清代文人丁立诚有首《有玉桥贴榜》描绘南宋宗学发榜的场景，追溯了昔时年轻学子亟待显示才华，却又担忧不得其用的焦虑和尴尬：

> 脱稿匆匆投卷捷，条例难宽蓝榜贴。
> 有玉桥头侵早来，幸无名姓榜上开。
> 问谁污墨谁曳白？场中人为门外客。
> 有命依然漏贴多，磨勘还防停一科。

作为光绪乙亥举人，官至内阁中书的丁立诚自然知晓考学秘诀和内中机巧。很多情状，南宋与清末是极其相似的。以古喻今、借古讽今的方式在古人笔下屡试不爽，这首诗同样如此。南宋嘉定九年（1216），朝廷改官学为宗学，皇室弟子也得修习课业，三年一试，如太学法，从而形成太学、宗学、武学三学并举的格局。

然而，宫廷内有贾似道之流把控局面，经常乘隙打击正直的秀才，"奏停"便是奸臣们打压年轻学子的手法之一。诗中"磨勘还防停一科"一句指的便是这个。纵然你满腹经纶，纵然你及时脱稿交卷，但有玉桥头放榜之时，那蓝榜上究竟有没有你的名字，还是一个未知数，因为"问谁污墨谁曳白？场中人为门外客"。

有玉桥位于今众安桥北，浣纱河东段与茅山河相交处，南宋小学（年届八岁的皇亲国戚就学的地方，十五岁后将上大学）前。每当小学放榜，即公布小学期间的成绩，都会在有玉桥边贴出蓝榜，因而这座桥在当时极为知名。对于这座桥，丁立诚自然关注，但他更关心的是国难当头之际，能不能有优秀人才不断涌现，冲破奸臣的阻碍发挥作用，为国效力。"有玉桥头侵早来"，一大早来到桥头的，不仅是那些年轻学子，还有这位忧国忧民的文人。

五、娑婆桥：石仓避俗亦娑罗

娑婆桥，位于运河南段余杭塘河上之归锦桥（今卖鱼桥）北，为单孔石拱桥，原名梭橹桥、娑罗桥。清《钱塘县志》载："梭橹桥，在归锦桥北。"又，民国《杭州府志》载："按《咸淳临安志》，北新桥南为羊棚桥，今不闻。以地按之，似即梭橹桥。"这说明，梭橹桥的本名应为羊棚桥，疑附近曾有豢养羊畜之棚舍，始建年代应在南宋咸淳年间（1265—1274）之前。

羊棚桥之所以被称为"梭橹桥"，是因当地居民觉得此桥的桥下不时有船通行，那船只既有点像织布的梭，又有点像来回摇动的船橹，所以唤其为"梭橹桥"。到了清代，居住在此桥附近的藏书家吴石仓（名允嘉，号石仓），觉得梭橹桥这一桥名不够雅致，便按其谐音，改唤为"娑罗桥"。"娑罗"是梵语音译，指一种植物，又指月中桂树，自然就雅多了。据清《湖墅志略》载，清时，此桥的桥亭揭匾，匾上即刻有"古娑罗桥"字样。

清代文人魏标所撰《湖墅杂诗》中有一诗，专门说的就是上述之事：

梭橹桥看橹似梭，石仓避俗亦娑罗。
不知南宋咸淳志，名本羊棚更俗多。

吴石仓（1655—?）为清代学者，生平爱藏书，凡山经地志、墓碣家乘，下逮百家小说残丛诸书，搜讨不遗余力。其手抄本数十种数百册，楷法醇古。所积数十年，有书数万卷，藏于"四古堂""石甑山房""得听居"等处。辑有《武林耆旧集》《钱塘县志补》等。临终前，吴石仓还留下一首颇为感人的诗，寥寥数语，却概括了自己的一生："几卷残书几亩田，祖宗相守已多年。后人穷死休相弃，免使而翁恨九泉。"可以说，吴石仓是清代杭州湖墅地区最重要的藏书家和文史专家。

清代钱塘文人朱樟曾前往吴石仓家中讨教，对吴石仓的学识佩服之至。这一过程记载在他的《同绣谷访吴石仓先生》一诗中：

> 暮年词客叹晨星，独有先生尚典型。
> 竟日每容开卷说，余寒犹许下帘听。
> 残诗待补溪堂集，公论微存野史亭。
> 我亦执经称弟子，疏泉新坏惠山瓶。

不过后来，吴石仓所雅化的娑罗桥，竟又被人们音讹为"娑婆桥"，且杭州口音中的"娑婆"二字与詈骂之词颇为相近，这肯定是吴石仓所没有想到的。

随着余杭塘河地段的几轮改建，娑婆桥今已废，只在湖墅北路上留下一地名。

娑婆桥原名"娑罗桥"出自一位文人之手，而在城西，也有一座古桥，其建造、扬名，亦与文人有关，只不过，它的建造竟然出自一位数学家之手，它的扬名，则与痴迷于这座桥的另一位文人有关，他还干脆拿这座桥的桥名，来命名自己的藏书楼。没错，与娑婆桥畔的吴石仓一样，居住于道古桥边的杭世骏也是一位藏书家。

道古桥位于今杭州西溪路，初名西溪桥。南宋《咸淳临安志》载："西溪桥，本府试院东，宋代嘉熙年间（1237—1240）道古建造。"这里所说的"道古"是个人名，为南宋数学家秦九韶。而数学家所主持设计的桥梁，必然有着别样的奥妙。

秦九韶（1208—1268），字道古，南宋时著名数学家，著有《数书九章》等，发现了著名的中国剩余定理。他祖籍河南，出生于四川，其父于1219年调任南宋临安城，一度出任秘书少监，掌管图书，其下属机构设有太史局，这让秦九韶得有机会博览群书，并学习天文历法、土木工程和数学、诗词等。

嘉泰元年（1201），临安城发生了一场持续了三天三夜的大火，太庙、三省、六部、御史台等均被烧毁，包括秦家在内的部分朝廷命官及家眷均迁居于郊外西溪河畔。秦九韶于绍定五年（1232）考中进士，后在湖北、安徽、江苏、广东等地为官。嘉定二年（1238）时父亡丁忧回临安，秦九韶见西溪河上无桥，人员往来不便，便亲自设计，并筹资建起了这座桥。

建成以后的桥梁并无名，人们习惯称其为"西溪桥"。元代初年，另一位大数学家朱世杰（1249—1314）游历到杭，提议把它更名为"道古桥"，以纪念造桥人。

清代文人杭世骏嗜书如命，因住在道古桥旁，遂把自己藏有数万卷各类书籍的藏书楼命名为"道古堂"。以桥名来命名自己的藏书楼，在古代文人中是不多见的，由此可见杭世骏对这座桥的感情。杭世骏自然知道这座桥的来历，对极富学识的秦九韶也极为钦服。

杭世骏也是一位饱学之士，乾隆元年（1736），他考中博学鸿词科，后授翰林院编修，受命校勘武英殿《十三经》《二十四史》。他个性耿直，不畏权势，敢于直言，曾大胆指责朝廷过于倚重满族大臣，呼吁各族一律平等，唯量才录用。

后来，因为撰写《时务策》，竭力为汉人说话而得罪清廷，杭世骏被革职回家，然而他并不屈服，索性从此闲居西溪，在道古桥边潜心读书著述，长达二十余年，留下《道古堂文集》《道古堂诗集》等多部著作，《清史列传》还为他立传。

其《胡三应瑞爱皋亭山水有结庐之原诗以坚之》诗中有云：

> 君如买宅皋亭住，须种梅花三百树。
> 树里茅堂树外桥，杖策寒香袭衣屦。

把拥有一座桥，作为理想宅居的一个重要前提，后半生居住在道古桥畔的杭世骏，对于溪水、桥梁、树林的看重可见一斑。

清时，道古桥曾进行过多次修缮，所存之桥在20世纪末仍保留。后因西溪路拓建改造，道古桥原桥被拆除，现天目山路南侧沿山河上修建的那座石桥，虽仍冠以"道古桥"之桥名，却是在2005年新建的，且其形貌与原桥大相径庭。

结　语

> 紫骝躞蹀金衔嘶，堤上扬鞭烟草迷。
> 门外平桥连柳堤，归来晚树黄莺啼。
> ——〔唐〕温庭筠《春洲曲》

骑马悠悠地向前，金色的马嚼子里发出清亮的嘶鸣，茫茫如烟的碧草让人着迷。城门外的平桥与柳堤相连，而当傍晚骑马归来，你能听见树上的黄莺正在歌唱。如诗如画的意境中，桥是不可或缺的元素，更是一种充满人间烟火气的存在。

苍龙腾驾、新月出云、长虹饮涧、玉环半沉……历代文人骚客总是对桥充满赞美之情，将桥比作各种美的意象。因此，千百年来，人们千辛万苦建起了座座桥梁，建造技艺也在不断精进。一座座古桥历经磨难，顽强地留存到现在实属不易。更让人感叹的是，这些桥至今还在给我们以便利，让我们感悟历史。我们应该尊崇并发扬先人们筚路蓝缕的创业精神，珍惜这些古桥。

杭州是江南水乡，水系发达，江河沟渠极多。小桥流水人家，临水而居，舟桥相通，是理想的优美人居环境。自古以来，无论是官府，还是民间，对建造桥梁都有着较高的积极性,这一点,在本书前面的章节中,对一座座具体桥梁的建造历史回顾中,已得以充分展现。不能漏下的是,古代官府对某个村庄、某个区域进行表彰时,常常施以修建桥梁这一实惠;某位富户或者官员衣锦还乡,也往往以建造桥梁来表达对村人的感激,来留下自己的好名声;僧人们则在寺庙附近造桥以利百姓,也以此谋得僧俗之间的和谐关系。民间对于募资捐助修桥铺路的热情始终高涨,这也是杭州古桥数量庞大、质量精良的重要原因。

众所周知,在古代,由于包括生产工具在内的生产力的落后,建成一座桥梁并非易事,需要动用大量人力、物力、财力,其艰难程度是现代人想象不到的。"富者以庀物,贫者以力给工。"往往是,一座并不太大的桥梁也要"历经数年,方以告成"。杭州有那么多座古桥,几乎每座古桥都有令人印象深刻的故事,特别是有关建造过程,细究其中,常常令人感慨不已。

清末以来,由于城市建设的现代化,不少河道被湮塞或填没,堤坝遭毁弃,古桥或被拆除,或因年久失修而坍塌。

民国年间,尽管当局也曾对部分桥梁进行了重建和修缮,但在整体上说,古桥的保护进入了一个低潮期。一是因为从民国初年开始,杭州城市建设力度加大,拆旗营,拓马路,建市场,造起一批新式坊巷,一度搞得红红火火,但在这一过程中,免不了对若干河道实施填埋,如市河、运司河、三桥址河被填埋湮塞,一部分桥梁被拆除,或被改建成可以行驶汽车的现代桥梁,不少古桥由此消失;二是因为民国期间发生过多次战乱,社会动荡,不少古桥因为年久失修遭到破坏,有的甚至在日军占领期间被毁坏。资料显示,民国末年,杭州城内的古桥仅剩 40 余座，这一数量无疑大大少于前朝。

而随着社会经济的持续发展，加之对文物保护认识的不到位，从 20 世纪 50 年代以来，古桥数量持续减少。资料表明，1963 年，浙江有民间桥梁 10 万座，而到了 2011 年再次普查时，发现只剩下 1 万座了。也就是说，不到 50 年时间，90% 的古桥已消失了。杭州同样如此。从 20 世纪 80 年代开始的旧城改造中，尽管对于古桥的价值有了新的认识，减少了一拆了之的做法，但不少河道在改造过程中，还是把不少残破的古桥拆除了，在原址新建的桥梁即便仍冠以原桥名，却已是一座全新的桥梁，没了任何文物价值，这同样令人扼腕。至 20 世纪 90 年代初期，城区真正意义上的古石拱桥只剩下约 60 座，郊区及各县市区的古桥也已不足百座。

桥梁需要保护和维修，任何一座桥梁的存续史，说到底就是一部建造、倾圮与维修过程反复交替、轮回的历史。在强大的时间面前，旷野中的桥，再坚固耐用也抵不住风雨剥蚀，许多古桥在荒草的覆盖下孤寂地终老，更多的则是被淹没在历史的尘埃中。这说明，对于必将穿越漫长历史的古桥来说，建造是一码事，后人的爱护和维护往往是更重要的事。

富有故事的一座座古桥从我们的视线中消失，无疑让我们痛惜。说真的，假如是因为年久失修，自然垮塌，或因自然灾害，比如被洪水冲垮、被火灾烧毁，心里或许会稍宽慰些。但若是借了城市发展之由头，为了发展所谓生产、追求眼前利益而人为损毁，那是最令人难以接受的，最让人伤心的。

古桥看上去是由一块块石头垒筑的，其实，穿起了无数个岁月之后的它很脆弱，不加以悉心爱护、细心维护，很可能在某个不经意的时候坍塌。在杭州,像上塘河上的欢喜永宁桥就是突然间坍塌的。当然,"脆弱"的古桥最大的"杀手",始终是人为破坏。

狮虎桥、风波桥、长寿桥、洗马桥、施家桥、炭桥、骆驼桥、凤起桥、觅渡桥、粮泊桥、观音桥、华光桥、始版桥、田家桥、明月桥……仅在杭州市中心城区,这些已经消失的古桥就可以列出一个长长的单子。古物不可再生,这些已经消失了的古桥将永远消失。

位于今余杭区塘栖镇姚家埭村的龙光桥,原名落瓜桥,横跨运河。始建年代无考,明万历年间(1573—1620),由御史陈心抑筹资重修。清雍正五年(1727),浙江总督李卫主持重修。乾隆二十二年(1757)乾隆南巡时,此桥更名为"龙光桥",并镌名于桥上。咸丰十年(1860)毁于战火。光绪元年(1875)重修,重修后桥两侧的柱子上各镌有丁丙所撰桥联一副:

是处一名落瓜堰;前程九里古棠栖。

龙飞圣地此津途;光绪元年庆鼎新。

桥北还立有桥志石碑。

但这样一座经历跌宕、颇有文物价值的古桥,在1982年交通整治时被拆除,原址建起了一座全新的单孔石拱桥,长43.12米、净跨12.32米、宽4.62米、高10.9米,颇富气势,也颇有现代感,而古桥由此无影无踪。

类似的拆老桥、建新桥的方式,在20世纪80年代以后不断使用,即便在重建时,有关部门采取了尽可能原样建造、尽可能保留原先风貌等办法,但如上所述,对于古物来说，哪怕模仿得惟妙惟肖，新的也只是新的，已称不上是一座古桥。所以，有专家不无保守地说，尽管说起来杭州市中心城区仍有约60座古桥，但"原汁原味"的古桥已经屈指可数。

是的，保护古桥文化遗产的重要性、迫切性的认识，如今已在各级政府部门和各界人士中取得高度一致，各种有效保护措施正相继落实。在杭州这座历史文化名城，想必再也不会发生任意拆除古桥、恣意毁损古桥的行为。

桥梁，是古代建筑的重要组成部分。几千年来，古人修建了无数奇巧、壮丽的桥梁。这些桥梁横跨在山水之间，便利了交通，装点了河山，成为古代文明的重要标志之一。珍惜每一座桥，每一块桥石，每一处镌刻浮雕，不仅是对古代劳动人民非凡智慧与劳动结晶的尊重，也是我们传承优秀传统文化、显示现代文明素质的具体行动。

参考文献

1. 〔宋〕陶穀：《清异录》，上海古籍出版社，2012 年。
2. 〔宋〕周密：《武林旧事》，浙江人民出版社，1984 年。
3. 〔宋〕吴自牧：《梦粱录》，浙江人民出版社，1980 年。
4. 〔元〕刘一清：《钱塘遗事》，《武林掌故丛编本》。
5. 〔元〕李有：《古杭杂记》，《武林掌故丛编本》。
6. 〔明〕宋濂等：《元史》，"二十四史"（简体字本），中华书局，2000 年。
7. 〔明〕田汝成：《西湖游览志》，浙江人民出版社，1980 年。
8. 〔明〕吴之鲸：《武林梵志》，《钦定四库全书本》。
9. 〔明〕张岱：《西湖梦寻》，中华书局，2007 年。
10. 〔清〕朱彭：《南宋古迹考》，浙江人民出版社，1983 年。
11. 〔清〕厉鹗：《东城杂记》，《武林掌故丛编本》。
12. 〔清〕姚思勤：《东河棹歌》，《武林掌故丛编本》。
13. 〔清〕丁丙：《武林坊巷志》，浙江人民出版社，1990 年。
14. 钟毓龙：《说杭州》，浙江人民出版社，1983 年。
15. 朱惠勇：《中国古船与吴越古桥》，浙江大学出版社，2000 年。
16. 朱惠勇：《中国古桥录》，杭州出版社，2002 年。
17. 朱惠勇：《江南古桥风韵》，方志出版社，2004 年。
18. 章培恒、胡明、梅新林主编：《中国文学古今演变研究论集二编》，上海古籍出版社，2005 年。
19. 陈建一主编：《杭州街巷》，杭州出版社，2005 年。
20. 马时雍主编：《杭州的街巷里弄》，杭州出版社，2006 年。

21. 马时雍主编：《杭州的古桥》，杭州出版社，2006年。

22. 陈述主编：《杭州运河遗韵》，杭州出版社，2006年。

23. 陈述主编：《杭州运河古诗词选评》，杭州出版社，2006年。

24. 陈述主编：《杭州运河桥船码头》，杭州出版社，2006年。

25. 傅伯星：《杭州街巷旧闻录》，杭州出版社，2007年。

26. 孙忠焕主编：《杭州运河文献集成》，杭州出版社，2009年。

27. 洪建明主编：《武林逸俗》，杭州出版社，2011年。

28. 萧耳编：《杭州往事》，花城出版社，2013年。

29. 周新华：《杭州运河名胜》，杭州出版社，2015年。

30. 徐清祥：《潮鸣八百年》，线装书局，2017年。

31. 李子荣主编：《西湖诗词曲选》，杭州出版社，2018年。

丛书编辑部

艾晓静　包可汗　安蓉泉　李方存　杨　流
杨海燕　肖华燕　吴云倩　何晓原　张美虎
陈　波　陈炯磊　尚佐文　周小忠　胡征宇
姜青青　钱登科　郭泰鸿　陶文杰　潘韶京
（按姓氏笔画排序）

特别鸣谢

仲向平　方龙龙　盛久远（系列专家组）
魏皓奔　赵一新　孙玉卿（综合专家组）
夏　烈　丁莉丽（文艺评论家审读组）

供图单位和图片作者

杭州运河集团　富阳区非遗中心
王　华　刘晓伟　张　可　张飞峰　周　宇
项隆元　姚建心　程慰唐
（按姓氏笔画排序）